Florian Bartl

66 + XV Spielideen Latein

Mit Spielen aus dem Alten Rom, aufbereitet für den modernen Lateinunterricht

Autor*innen: Florian Bartl
Covergestaltung: Susanne Hieber
Illustrationen: Steffi Aufmuth, Steffen Jähde, Hendrik Krankenberg, Thorsten Trantow, Bettina Weller
Satz: Typographie & Computer, Krefeld
Druck und Bindung: Druckerei Joh. Walch GmbH & Co. KG
ISBN 978-3-403-**07763**-3

www.auer-verlag.de

Teil B: XV antike Spiele

Friedrich Schiller hat sich in seinen Abhandlungen über die ästhetische Erziehung des Menschen dahingehend geäußert, dass der Mensch nur da ganz Mensch sei, wo er spielt.

Dieser versteckte Aufruf zum Spielen darf meines Erachtens auch und gerade vor dem Lateinunterricht nicht Halt machen, der schließlich auch der Persönlichkeitsentwicklung und damit der Menschwerdung dienen soll.

Schon in der Antike waren sich die Lehrer im Klaren darüber, dass das Spiel ein wesentlicher Bestandteil der Kindeserziehung sein muss, da es einen wichtigen Beitrag zum Lernen und der Kindesentwicklung leistet (siehe dazu die lateinischen Texte im zweiten Teil dieses Buches).

Zudem bieten Spiele die Möglichkeit, das in der Schule vorherrschende und anatomisch fragwürdige Sitzen einmal zu unterbrechen und dennoch Lernziele nachhaltig zu erreichen. Schon die Peripatetiker um Aristoteles wussten um die positive Wirkung der Kombination von Lernen mit Bewegung und zahlreiche Untersuchungen jüngeren Datums bestätigen diese Zusammenhänge.

Neben dem Aspekt der Bewegung schaffen Spiele mitunter auch völlig neue und lustige Zugänge zum Lernstoff, sodass eine kognitive Verarbeitung z. B. des Wortschatzes unter Einbeziehung ganz verschiedener Sinne sowie positiver Emotionen möglich wird. Auch dadurch tragen Spiele zu einem nachhaltigen Lernerfolg bei.

Die in diesem Buch aufgezählten Spiele wurden alle in unterschiedlichen Jahrgangsstufen und verschiedenen Varianten erprobt. Selbstverständlich ist es immer von der jeweiligen Klasse abhängig, ob ein Spiel gut oder schlecht funktioniert bzw. angenommen wird. Insgesamt habe ich aber die Erfahrung gemacht, dass die Schüler[1] dankbar für die Abwechslung im Unterrichtsgeschehen sind und auch von sich aus nach Spielen fragen, ja teilweise diese sogar selbst entwickeln.

Bei allen Spielen, die Fragekarten benötigen, halte ich es für besonders sinnvoll, dass die Schüler diese Karten selbst erstellen. Dadurch werden sie nämlich dazu gebracht, den Lernstoff noch einmal genau zu durchdringen, ohne dabei das Gefühl zu haben, „lernen zu müssen". Allerdings stellt sich dann das Problem, dass nicht alles richtig sein wird. Bei Spielen, die vom Lehrer angeleitet werden, kann dieser beim Vorlesen der Fragen entsprechende Verbesserungen vornehmen. Doch auch bei Spielen in Gruppen sehe ich kein allzu großes Problem. Die Erfahrung hat nämlich gezeigt, dass sich die Schüler beim Spielen sehr gut gegenseitig kontrollieren können und somit etwaige falsche Lösungen korrigiert werden. Im Zweifel besteht außerdem noch die Möglichkeit, dass sie den Lehrer um Rat fragen.

Neben den positiven Effekten für Schüler kann der geschickte Einsatz von Spielen im Unterricht auch für den Lehrer eine Entlastung darstellen, wenn Spiele

1 Aufgrund der besseren Lesbarkeit ist in diesem Buch mit Schüler auch immer Schülerin gemeint, ebenso verhält es sich mit Lehrer und Lehrerin etc.

mit wenig Vorbereitungsaufwand herangezogen werden, ohne dass dadurch die Unterrichtsqualität leidet. Meiner Einschätzung nach ist eher das Gegenteil der Fall, da die zumeist lockere Atmosphäre bei den Spielen lernförderlich wirkt und auch die Schüleraktivität sehr hoch ist.

Den Spielen ist jeweils ein lateinischer Name vorangestellt, der bei den Schülern Neugier wecken soll, auch wenn sich zumeist altbekannte Spiele dahinter verbergen.

Um Ihnen die Auswahl und Vorbereitung der Spiele zu erleichtern, können Sie sich an folgenden Symbolen orientieren:

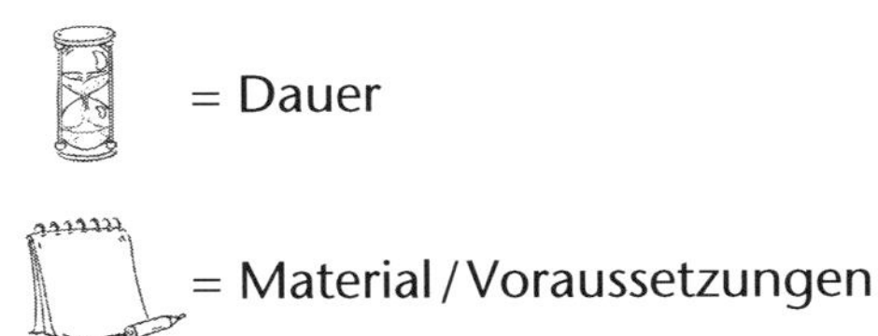

Die angegebene Spieldauer ist nur ein grober Richtwert, je nach Klasse bzw. Einsatz des Spieles kann und sollte variiert werden. Gleiches gilt für die Regeln der Spiele, die meist automatisch einem Wandel unterliegen.

Beenden möchte ich dieses Vorwort mit einem Zitat von Friedrich Rückert:

Ein Weiser ist, wer Scherz und Ernst zu sondern weiß,
und sich am heiteren Spiel neu stärkt zu strengem Fleiß.

Bei allem Vergnügen, die die Spiele in den Lateinunterricht bringen können, ohne Fleiß und Lerneifer kann sich der Erfolg im Lateinischen nur schwer einstellen. In diesem Sinne wünsche ich Ihnen viel Spaß beim Einsatz der folgenden Spiele im Unterricht.

Florian Bartl

Teil A:
66 Spielideen Latein

1. Aedificatio verborum (Wortbaustelle)

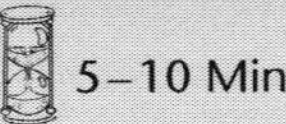
5–10 Min.

vorbereitete Kärtchen mit Wortbestandteilen (Wortstamm, Kasusendungen, Tempuszeichen, Moduszeichen, Personenendungen, …)

Den Schülern werden Kärtchen ausgeteilt, auf die Teile von Wörtern geschrieben sind. Die Aufgabe besteht nun darin, sich so mit anderen Schülern zusammenzutun, dass korrekte Formen entstehen, vielleicht sogar kleine Sätze gebildet werden. Sowohl Formen als auch Sätze müssen dann noch richtig übersetzt werden. Die Schüler sollen möglichst viele Kombinationsmöglichkeiten finden, sodass ihnen klar wird, wie leicht sich im Lateinischen Wörter allein durch die Endungen in ihrer Bedeutung verändern.

2. Aenigma partium verborum (Wortteilpuzzle)

5 Min.

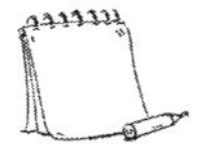
vorbereitete Kärtchen mit Wortbestandteilen (Wortstämme plus Endungen)

Die Klasse wird in Mannschaften eingeteilt. Jede Mannschaft bekommt die gleichen Wortbestandteile ausgehändigt. Aufgabe ist es nun, aus den einzelnen Teilen so viele vollständige Wortformen wie möglich zu bilden und korrekt zu übersetzen.

Beispiel: Die Gruppen erhalten folgende Bausteine:

clam	*a*	*re*	*o*	*s*	*t*	*mus*	*tis*	*nt*	*m*	*te*

Die Gruppe, die die meisten richtigen Formen und deren Übersetzungen notiert hat, gewinnt.
Um die Aufgabe zu erschweren, können beliebig viele Bestandteile zur Verfügung gestellt werden.

3. Aenigma syllabarum (Silbenrätsel)

10 Min.

vorbereitete Folie mit Wortschatz, der in Silben zerlegt ist, sowie Fragen dazu

Der Lehrer präsentiert den aktuellen oder zu wiederholenden Wortschatz in Silben zerlegt mit Fragen dazu. Der Wortschatz kann natürlich auch in verschiedenen Formen abgefragt werden. Aufgabe ist es nun, die Fragen mithilfe der Silben richtig zu beantworten. Wem dies zuerst gelingt, ist der Sieger. Eine leichte Variante dieses Spieles ist es, zu einer Frage nur die zur Antwort passenden Silben zu zeigen. Anspruchsvoller ist es, wenn die Silben zu allen Antworten gemeinsam gezeigt werden und die Schüler die passenden Silben zur aktuellen Frage heraussuchen müssen.

4. Agitatio (Activity®)

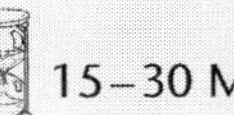

15–30 Min.

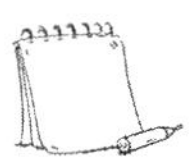

Spielplan wie beim Spiel „Activity" (Felder mit „Zeichnen", „Erklären", „Pantomime"), Spielsteine, vorbereitete Kärtchen mit Wortschatz (je nach Schwierigkeit des Wortes Zahlen von 1–4 hinter das Wort schreiben)

Die Schüler werden idealerweise in Vierergruppen eingeteilt. Eine Gruppe beginnt damit, dass ein Spieler ein lateinisches Wort zieht. Zu Beginn des Spieles darf entschieden werden, ob man den Begriff erklären, zeichnen oder pantomimisch darstellen möchte. Im weiteren Verlauf des Spiels entscheidet das Feld, auf dem der Spielstein landet, ob das lateinische Wort zu erklären, zu zeichnen oder pantomimisch darzustellen ist.
Der Schüler präsentiert den gezogenen Begriff entsprechend seiner Wahl. Schaffen es seine Mitspieler, das Wort innerhalb einer Minute zu erraten und sowohl lateinisch als auch deutsch zu nennen, dürfen sie auf dem Spielfeld so viele Felder vorrücken, wie es die Zahl hinter dem Begriff vorgibt. Dann ist die nächste Gruppe an der Reihe. Gewonnen hat, wer zuerst im Ziel ankommt.
Erschwerend kann hinter manche Begriffe „offen" geschrieben werden. Dies bedeutet, dass nicht nur die eigene Gruppe raten darf, sondern alle Schüler. Damit das Spiel nicht zu lange dauert, können statt des Spielplans auch einfach Karten gestaltet werden, auf denen entsprechende Symbole (Mund für Erklären, Stift für Zeichnen, Hand für Pantomime) stehen.

5. Akronym bzw. Akrostichon

5–10 Min.

keines

Die Schüler sollen sich zum Lernstoff Akronyme bzw. Akrosticha überlegen, um z. B. Fachbegriffe oder auch den Wortschatz leichter lernen zu können. Sie stellen sich die gefundenen Wörter gegenseitig vor, um den Lernstoff nochmals zu vertiefen.

Beispiele:
IDEMA – Kunstwort für die *„officia oratoris" inventio, dispositio, elocutio, memoria, actio*
IMRETUIN – Kunstwort aus den Anfangsbuchstaben der Deponentien *imitari, reverti, tutari, indignari*

6. Angulus aptus (Wortart-Eckenraten)

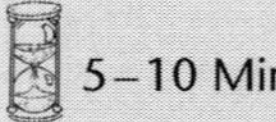

5–10 Min.

keines

Jeder Ecke des Klassenzimmers wird eine Wortart zugeordnet, z. B. Substantiv – Verb – Adjektiv – Präposition. Der Lehrer nennt dann Wörter aus dem Wortschatz, z. B. *dominus*. Die Schüler sollen sich in die Ecke begeben, die der Wortart entspricht, im Beispiel also zur Substantiv-Ecke. Wer eine falsche Ecke aufsucht, scheidet aus. Die Wörter sind außerdem zu übersetzen.
Erschwerend werden die Wörter nicht nur in der Lernform genannt, sondern mit verschiedenen Endungen gebraucht, z. B. *domino.*

7. Annexus (Domino)

5 Min.

vorbereitete Dominokärtchen

Die Spieler gehen in Kleingruppen zusammen (maximal zu viert). Jede Gruppe bekommt einen Stapel mit Dominokärtchen. Auf diesen Kärtchen steht auf einer Hälfte ein deutsches Wort, auf der anderen ein lateinisches. Die jeweiligen Übersetzungen zu diesen Wörtern (oder auch kurzen Sätzen) stehen auf anderen Kärtchen.
Gespielt wird nun wie beim Domino. Ein Spieler beginnt, indem er ein Kärtchen offen auslegt. Der nächste Spieler muss schauen, ob er bei seinen Karten entweder die lateinische oder die deutsche Entsprechung zu der ausgelegten Karte hat. Ist dies der Fall, kann er eine Karte anlegen. Andernfalls ist der nächste an der Reihe. Wer zuerst alle Karten abgelegt hat, ist der Sieger.

8. Audiens / Legens pingere (Hören / Lesen und Zeichnen)

5 Min.

vorbereitete kurze, möglichst lustige und gut zu zeichnende Geschichte mit dem aktuellen Wortschatz auf Latein

Der Lehrer liest eine kurze lateinische Geschichte zum aktuellen Wortschatz vor. Die Schüler sollen das Gehörte in ein Bild umsetzen.
Anschließend wird abgestimmt, wer das schönste, das lustigste etc. Bild hat. Alternativ wird der Text nicht vorgetragen, sondern die Schüler lesen den Text selbst.

9. Aulus amat (Aulus mag)

5 Min.

keines

Ein bestimmtes Merkmal wird ausgesucht: *bo-/bi-/bu*-Futur; Verb mit Akkusativobjekt; Perfektbildung mit *-u*; Subjunktion mit Konjunktiv etc.
Der Lehrer entscheidet sich z. B. für „Perfekt mit *-u*". Er sagt: „*Aulus amat verbum* monere, *neque* amare, *amat verbum* aperire, *neque* venire." Ein Schüler, der glaubt, das Prinzip verstanden zu haben, antwortet, indem er selbst Beispiele nennt, z. B. „Er nimmt *apparere* mit, aber nicht *vendere*.". Der Lehrer antwortet: „*Ita est.*", da die Antwort korrekt ist. Entsprechend antwortet er bei falschen Lösungen „*Ita non est.*". Hat ein Schüler richtige Beispiele genannt, soll er im Geheimen das Auswahlkriterium notieren und dem Lehrer zeigen. Stimmt seine Lösung, darf der Schüler die Spielleitung übernehmen. Gespielt wird, bis mehrere Schüler die Lösung gefunden haben.

10. Certamen ordinis (Reihenduell)

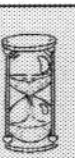
5–10 Min.

vorbereitete Fragen

Die Klasse wird in Gruppen eingeteilt (maximal acht Schüler).
Die Schüler stehen in ihren Gruppen hintereinander in einer Reihe.
Der vorderste Schüler ist jeweils antwortberechtigt. Der Lehrer stellt Fragen zum aktuellen Stoff, sei dies nun Wortschatz, Grammatik oder Realienkunde. Wer zuerst die richtige Antwort gibt, stellt sich in seiner Reihe wieder hinten an. Die Gruppe, deren Startspieler am schnellsten wieder ganz vorne steht, hat gewonnen.

11. Certamen populorum (Völkerball)

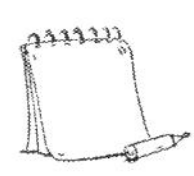

vorbereitete Kärtchen mit Schülernamen, vorbereitete Fragen

Die Klasse wird in zwei Gruppen geteilt. An der Tafel wird ein Spielfeld mit zwei Hälften gezeichnet. Die Kärtchen mit den Namen der Schüler werden in die jeweilige Hälfte der Mannschaft geheftet. Jede Mannschaft wählt einen Freigeist, der als letzter Spieler zum Einsatz kommt.
Pro Runde bestimmt jede Mannschaft einen Spieler. Diese beiden Schüler treten gegeneinander an. Der Lehrer stellt eine Frage. Derjenige, der die richtige Antwort schneller gibt, hat den anderen „abgeworfen". War die Antwort jedoch falsch, hat er sich selbst abgeworfen. Das Namenskärtchen des jeweils abgeworfenen Schülers wird aus dem Spielfeld genommen.
Hat eine Mannschaft alle Spieler verloren, kommt der Freigeist ins Feld. Er besitzt drei Leben.
Gewonnen hat die Mannschaft, die zuerst alle Gegner abgeworfen hat bzw. nach einer zuvor festgelegten Zeit mehr Spieler im Feld hat.
Die Fragen können sich auf alle Bereiche des Lateinunterrichts beziehen.

12. Certamen singulare (Duell)

vorbereitete Fragen

Ein Freiwilliger beginnt. Er stellt sich hinter einen Mitschüler, z. B. seinen Nachbarn. Diese beiden „duellieren" sich nun. Dies geschieht so, dass der Lehrer eine Form nennt, die es zu übersetzen gilt bzw. eine Frage stellt. Wer zuerst die richtige Lösung nennt, hat das Duell gewonnen und darf zum nächsten Schüler weiterziehen, um sich erneut zu „duellieren". Ziel ist es, möglichst viele Duelle für sich zu entscheiden.
Das Spiel eignet sich für die Übung aktuellen Grammatikstoffes (Formenlehre bei Substantiven, Verben, Pronomina, ...), die Wiederholung von Wortschatz und Fragen zur Realienkunde.

13. Certamen vocabularii (Wörterbuch-Duell)

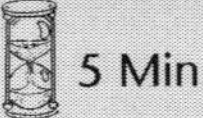

5 Min.

Wörterbuch, im Vorfeld Wörter bzw. Wortformen heraussuchen, die nachzuschlagen sind

Die Schüler haben jeweils ein Wörterbuch. Der Lehrer nennt Wortformen, z. B. *didici*, die im Lexikon nachgeschlagen werden sollen. Dabei trainieren die Schüler zum einen ihre Geschwindigkeit beim Nachschlagen, aber auch die Fähigkeit, zu erkennen, unter welcher Form ein Wort im Wörterbuch zu finden ist. Wer am schnellsten das nachzuschlagende Wort gefunden hat, bekommt einen Punkt. Ziel ist es, die meisten Punkte zu erreichen. Der Lehrer kann die Schwierigkeit variieren, indem er z. B. bei Verben nur Formen des Präsensstammes nimmt oder auch den Perfektstamm einbezieht.

14. Chironomon (Pantomime)

5 Min.

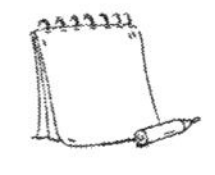

vorbereitete Kärtchen mit Wortschatz

Die Schüler sollen pantomimisch ein lateinisches Wort darstellen. Dies stammt entweder aus dem aktuellen Wortschatz oder ist bereits altbekannt.
Gespielt wird in Gruppen. Im Wechsel spielt immer ein Vertreter der Gruppen ein Wort vor, das er einer gezogenen Karte entnimmt. Beide Gruppen dürfen raten. Die Gruppe mit den meisten Punkten gewinnt.

15. Civitas – Finis – Flumen (Stadt – Land – Fluss)

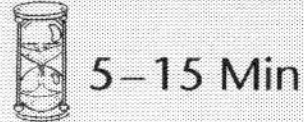
5–15 Min.

keines

Ähnlich wie beim Spiel Stadt – Land – Fluss legen die Schüler eine Tabelle an. Die Kategorien weichen allerdings ab. Für die Wiederholung des Wortschatzes etwa könnte man als Kategorien „Adjektiv", „Substantiv", „Verb" heranziehen. Es sind aber auch Kategorien denkbar, die das Sachwissen bzw. die Realienkunde einbeziehen, z. B. „berühmte Persönlichkeiten der Antike" oder „grammatikalischer Fachbegriff". Die Schüler müssen dann versuchen, zu einem festgelegten Buchstaben für jede Kategorie passende Wörter zu finden. Wer dies als Erstes geschafft hat, ruft „Stopp", woraufhin alle Mitspieler aufhören müssen zu schreiben. Dann wird verglichen. Für jedes richtig gefundene Wort gibt es zehn Punkte. Haben zwei oder mehr Spieler dasselbe Wort, gibt es nur fünf Punkte. Hat dagegen nur ein einziger Spieler ein Wort zu einer Kategorie gefunden, bekommt er 20 Punkte. Sieger ist, wer nach einer festgelegten Anzahl von Runden die meisten Punkte erreicht hat.

16. Colloquium telephonicum (Telefonspiel)

5–10 Min.

vorbereitete „Telefonlisten"

Jedes Schülerpaar erhält eine „Telefonliste" nach folgendem Muster:

1. Stelle: Infinitiv Präsens Aktiv	**2. Stelle: Person**	**3. Stelle: Numerus**	**4. Stelle: Modus**	**5. Stelle: Tempus**	**6. Stelle: Genus verbi**
1 = *audire*	1 = 1. Pers.	1 = Singular	1 = Indikativ	1 = Präsens	1 = Aktiv
2 = *tenere*	2 = 2. Pers.	2 = Plural	2 = Konjunktiv	2 = Imperfekt	2 = Passiv
3 = *gaudere*	3 = 3. Pers.		3 = Imperativ I	3 = Perfekt	
4 = *capere*				4 = Pl.qu.perf.	
5 = *amare*				5 = Futur I	
6 = *clamare*				6 = Futur II	
7 = *venire*					
8 = *petere*					

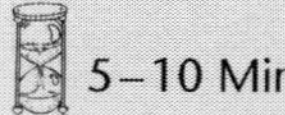

Entsprechend dieser Tabelle rufen sich die Schüler nun an. Das bedeutet, dass ein Schüler eine „Telefonnummer" nennt, die der andere in die entsprechende Verbform umwandelt, z. B. ergäbe die Nummer 121131 die Verbform *audivisti*. Die Schüler kontrollieren sich gegenseitig, zum einen, ob sie eine richtige Nummer wählen, und zum anderen, ob die gebildete Verbform stimmt.
Ein Imperativ, z. B. die Form *amate*, kann folgendermaßen ausgedrückt werden: 5223.
Sind den Schülern noch nicht alle Kriterien bekannt, muss die Tabelle entsprechend vereinfacht werden.

17. Concessio dictandi (Vorsagen erlaubt)

5–10 Min.

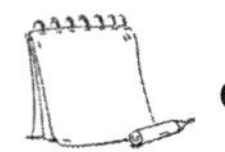 evtl. vorbereitete Fragen

Die Schüler werden in zwei Gruppen geteilt, bei großen Klassen auch mehr. Die Gruppen sitzen hintereinander mit Blickrichtung zum Lehrer.
Dieser stellt Fragen zu Wortschatz, Grammatik oder Realienkunde. Antworten dürfen nur die Vordersten in der Reihe. Wissen aber die anderen Schüler die Antwort, dürfen sie diese ihrem jeweiligen Vordermann einflüstern, sodass dieser die Antwort nach vorne weitergeben kann, bis sie beim vordersten Schüler angelangt ist.
Die Gruppe, die zuerst die richtige Antwort gibt, bekommt einen Punkt. Der vorderste Schüler dieser Gruppe rutscht ganz nach hinten, sodass die Schüler durchwechseln.

18. Continuatio verborum (Endloswort)

keines

Dieses Spiel ist sehr gut dazu geeignet, den bekannten Wortschatz noch einmal umzuwälzen. Ein Spieler beginnt, indem er ein bekanntes lateinisches Wort nennt. Der nächste in der Reihe muss dieses Wort übersetzen und anschließend ein neues Wort finden, das mit dem Endbuchstaben des lateinischen Wortes beginnt. Die lateinischen Wörter sollen ganz bewusst auch in verschiedene Formen gesetzt werden, damit nicht immer nur die gleichen Endungen auftauchen. Fällt einem Spieler kein neues Wort mit dem letzten Buchstaben des lateinischen Wortes mehr ein, darf er auch die deutsche Übersetzung verwenden. Fällt ihm auch dann kein neues Wort mehr ein, bekommt er eine Zusatzaufgabe (z. B. ein Verb konjugieren oder eine Deklination aufsagen) und darf anschließend die Runde neu starten. Gleiches gilt, wenn ein Spieler die Übersetzung des lateinischen Wortes nicht weiß.

Beispiel:
Schüler 1: *servu**s***
Schüler 2: Sklave, ***sol***
Schüler 3: Sonne, ***l**aetu**m***
Schüler 4: den Fröhlichen, ***m**aest**a***
...

19. Cursus Honorum (Schnitzeljagd)

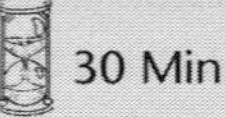
30 Min.

vorbereitetes Spielfeld, Würfel, vorbereitete Kärtchen mit Fragen, die auf der Rückseite mit 1 – 36 nummeriert sind, vorbereitete Sonderkarten mit Spezialaufgaben für die Ämter-Felder, die auf der Rückseite entsprechend gekennzeicnet sind

Ein Spielfeld mit nummerierten Feldern wird erstellt. In gleichmäßigen Abständen befindet sich auf dem Spielplan je ein Feld mit der Aufschrift „Quästor“, „Ädil“, „Prätor“ und „Konsul“. Passend zum jeweiligen Lernstoff gibt es Fragekarten, die auf der Rückseite mit 1 – 36 nummeriert sind. Die Fragekarten werden im Spielbereich (z. B. Aula, Pausenhof, …) verteilt. Für die Ämter-Felder gibt es jeweils Sonderkarten mit speziellen Aufgaben. Die Schüler werden in Gruppen eingeteilt. Sie erwürfeln die Zahl der Felder, die sie vorrücken dürfen, müssen dann die Karte mit der entsprechenden Nummer suchen und die daraufstehende Aufgabe lösen. Die Karte bleibt an ihrem Platz. Die Schüler kommen zurück zum Lehrer, nennen die Lösung und dürfen weitermachen, sofern die Lösung richtig war. Bei einer falschen Lösung müssen die Schüler entweder eine Zusatzaufgabe erledigen oder so lange überlegen, bis sie die richtige Lösung wissen.
Die Ämter-Felder sind zwingend anzulaufen, dürfen also nicht übersprungen werden. Erst, wenn eine der Spezialaufgaben (z. B. für „Quästor“ eine leichtere Aufgabe als für den „Konsul“) gelöst wurde, darf weitergemacht werden. Die Gruppe, die zuerst den Cursus Honorum durchlaufen hat, ist Sieger.

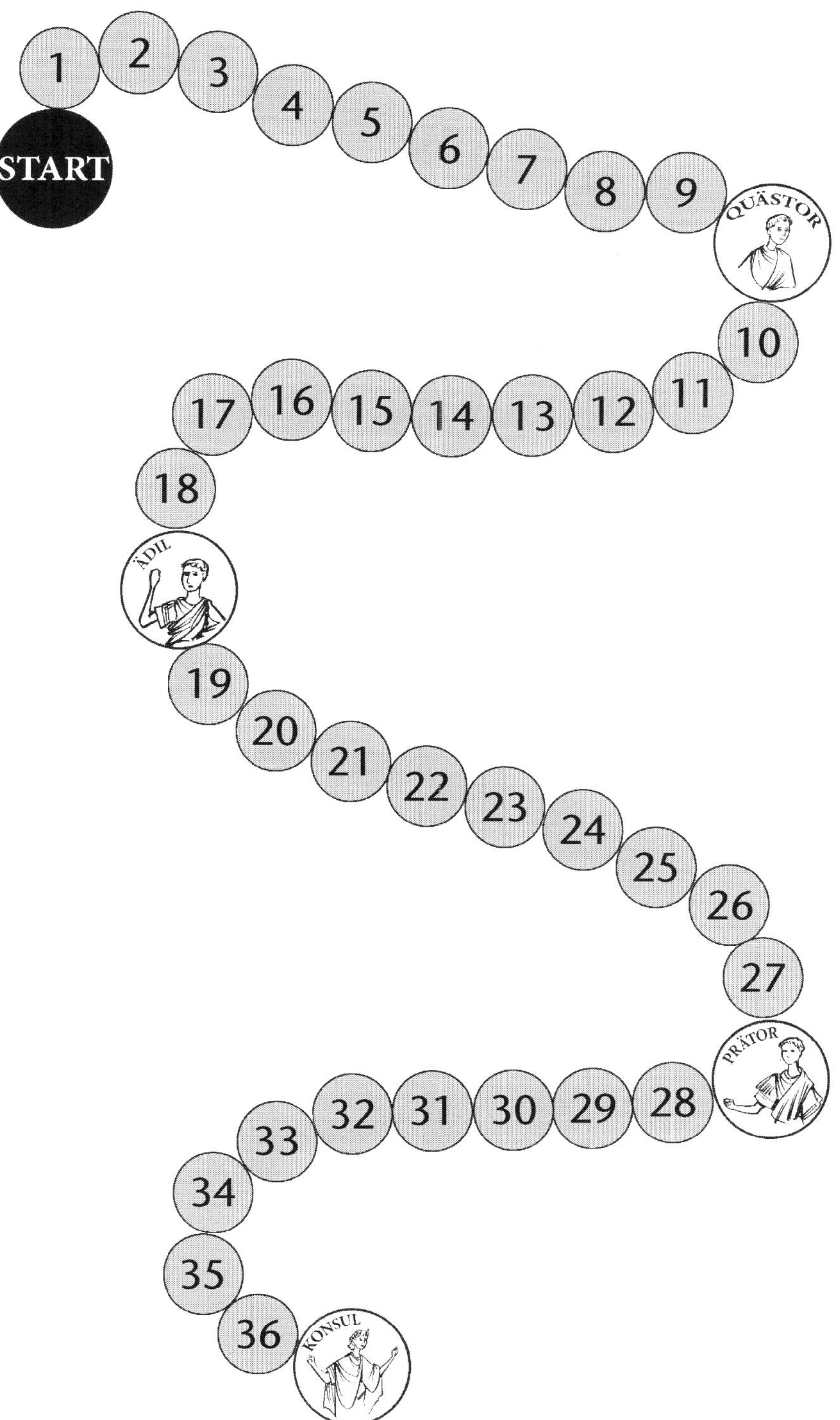
START
1
2
3
4
5
6
7
8
9
QUÄSTOR
10
11
12
13
14
15
16
17
18
ÄDIL
19
20
21
22
23
24
25
26
27
PRÄTOR
28
29
30
31
32
33
34
35
36
KONSUL

20. Date significationes! (Hinweise erwünscht!)

5–10 Min.

keines

Die Klasse wird in zwei Gruppen geteilt. Der Lehrer überlegt sich eine Vokabel bzw. einen Begriff aus dem Realien- oder Sachwissen, z. B. „Kolosseum“, und gibt einen Hinweis dazu, z. B. „ein großes Bauwerk in Rom“. Kann eine Gruppe bereits den richtigen Begriff erraten, bekommt sie fünf Punkte. Errät niemand den Begriff, erfolgt ein weiterer Hinweis. Dies geschieht so lange, bis eine Gruppe den Begriff erraten kann. Für jeden Hinweis, der dazukommt, kann ein Punkt weniger gewonnen werden.

Variante: Um das Spiel schwerer zu gestalten, werden die Hinweise nicht auf Deutsch, sondern auf Latein gegeben, also z. B. *magnum aedificium Romae.*

21. Eice adversarium! (Brennball)

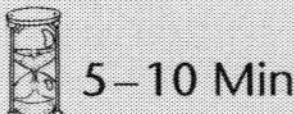

5–10 Min.

vorbereitete lateinische Sätze / Texte, vorbereitete lateinische Formen / Phrasen

Die Gruppe wird in zwei Mannschaften aufgeteilt. Mannschaft A bekommt zunächst einen lateinischen Satz, der ins Deutsche zu übersetzen ist. Jeder Spieler der Mannschaft B bekommt ein Blatt mit lateinischen Formen / Phrasen, die in Einzelarbeit zu übersetzen sind. Während Mannschaft A damit beschäftigt ist, den Satz zu übersetzen und ihre Lösung für alle sichtbar an die Tafel oder auf Folie zu schreiben, sollen die Spieler von B versuchen, so viele Formen wie möglich zu übersetzen. Glaubt Mannschaft A, den Satz richtig übersetzt zu haben, ruft sie laut „Stopp“, woraufhin die Spieler von B aufhören zu übersetzen. Gemeinsam wird nun die Lösung des Satzes von A durchgesehen und evtl. korrigiert. Etwaige Fehler zählen als Minuspunkte für Mannschaft A. Daraufhin werden die Formen / Phrasen von Mannschaft B durchgesprochen. Als Punkt für Mannschaft B zählt jede richtige Form, auch wenn sie nur ein Spieler richtig hat und die anderen falsch oder gar nicht. Die Punkte von Mannschaft B und etwaige Minuspunkte von A werden notiert. Dann werden die Rollen getauscht und das ganze Spiel wiederholt sich mit einem anderen Satz und anderen Formen / Phrasen.
Die Mannschaft, die mehr Punkte hat, ist Sieger. Ein Beispiel für die Endabrechnung der Punkte sieht etwa so aus: Mannschaft A hat beim Übersetzen des Satzes drei Fehler gemacht, bekommt also drei Minuspunkte. Beim Übersetzen der Formen hat die Mannschaft A von den zehn Formen alle richtig übersetzt, bekommt also zehn Pluspunkte. Drei Minuspunkte und zehn Pluspunkte ergeben miteinander verrechnet sieben Pluspunkte. Analog wird bei Gruppe B verfahren.

22. Emendatio currendo (Laufverbesserung)

5–10 Min.

Schülerübersetzungen eines lateinischen Textes, vorbereitete Musterübersetzung

Wurde ein Text (z. B. als Hausaufgabe) übersetzt, kann dieses Spiel als Variante zur Korrektur herangezogen werden. Die Schüler bekommen die Anweisung, die Hefte mit ihrer Übersetzung am Platz zu lassen, während sie selbst zu der ausgehängten Musterübersetzung gehen und sich die richtige Lösung einprägen, um diese dann mit ihrer Version abzugleichen.
Wer auf diese Weise als Erstes eine komplett richtige Übersetzung im Heft stehen hat, kann eine kleine Belohnung bekommen.

23. Fabula agenda (Mitmachgeschichte)

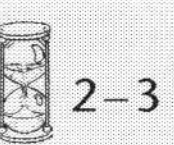

2–3 Min.

vorbereitete kurze Geschichte auf Lateinisch

Um neue Vokabeln einzuüben oder den Inhalt eines gelesenen Textes zusammenzufassen, kann eine Mitmachgeschichte eine angenehme Abwechslung darstellen. Eine kurze Geschichte wird auf Latein vorgelesen. Das Niveau sollte so sein, dass die Sätze auf Anhieb leicht verstanden werden können. Die Schüler sollen nämlich das Vorgelesene im unmittelbaren Anschluss spielen.

Beispiel: Folgende Geschichte kann als Zusammenfassung der Erlebnisse von Apollonius, dem König der Tyrer, dienen:
Dormio. In somno Apollonius, rex Tyri sum. Rex bonus sum. Canere possum et omnibus artibus doctus sum. Sed Antiochum fugere debeo. Coniunx mea et filia mea mortuae sunt. Itaque maestus sum.
Subito somnus finit et iterum discipulus in schola sedens sum.

24. Forum (Marktplatz)

ca. 5 Min.

 keines

Jeder Schüler überlegt sich aus dem aktuellen oder zu wiederholenden Wortschatz zwei Wörter, z. B. seine Lieblingswörter oder die, die er sich am schlechtesten merken kann. Dann laufen alle Schüler kreuz und quer durch das Klassenzimmer, sodass ein buntes Treiben wie auf dem Forum entsteht. Begegnen sich zwei Schüler, begrüßen sie sich und tauschen sich über ihre Wörter aus, indem sie zunächst das lateinische Wort mit seiner deutschen Bedeutung nennen. Dann können sie sich Lernhilfen zu den Wörtern mitteilen oder überlegen. So geht es weiter, bis mehrere Gespräche geführt wurden. In der Regel merkt man dies an der beginnenden Unaufmerksamkeit der Schüler.

25. Fulgor (Blitzlicht)

5 Min.

 Ball

Die Idee des Spiels „Blitzlicht“ ist es, jeden Schüler zu Wort kommen zu lassen. Mit Bewegung kombiniert werden kann dies, indem die Schüler zum Aufstehen aufgefordert werden und ein Ball ins Spiel gebracht wird. Der Lehrer wirft einem Schüler den Ball zu. Dieser fängt ihn und gibt seinen Wortbeitrag ab. Daraufhin wirft er den Ball zu einem Mitschüler und darf sich selbst setzen. Der letzte Schüler wirft den Ball zurück zum Lehrer. Somit hat das Blitzlicht auch einen deutlich sichtbaren Schluss, da alle Schüler wieder sitzen. Je schneller das Zuwerfen des Balles funktioniert, desto besser ist es. Geeignet ist dieses kurze Spiel, wenn es um Meinungen der Schüler geht, oder als eine Art Brainstorming beim Beginn eines neuen Themas. Um den Spielcharakter zu verstärken, kann die Bedingung gestellt werden, dass innerhalb von drei Sekunden nach Erhalt des Balls etwas gesagt werden muss. Andernfalls muss z. B. eine Zusatzaufgabe bewältigt werden.

Variante: Statt sich einen Ball zuzuwerfen, läuft man zu einem Mitschüler, dem man das Wort erteilen möchte. Auf diese Weise befinden sich am Ende der Blitzlichtrunde alle Schüler an einem anderen Platz im Klassenzimmer und haben in der Regel einen neuen Nachbarn. Folglich eignet sich dieses Spiel als Einleitung zu einer Partnerarbeit, bei der man bewusst erreichen möchte, dass die Schüler andere Partner als gewöhnlich haben.

26. Furcifer (Galgenmännchen)

5–10 Min.

 keines

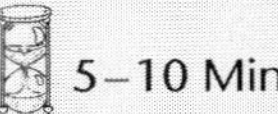

Ein Freiwilliger kommt an die Tafel und schreibt dort anstelle der Buchstaben eines ausgedachten Wortes kurze Striche – pro Buchstabe ein Strich.
Die anderen Schüler müssen nun raten, aus welchen Buchstaben das Wort besteht. Für jeden falsch genannten Buchstaben wird der Galgen Strich für Strich weitergebaut. Ist der Galgen fertig, bevor das Wort erraten wurde, gewinnt der Spieler, der an der Tafel war, und darf sich ein neues Wort ausdenken. Errät ein Spieler das Wort, ist er an der Reihe.

27. Heureka (Bingo)

5–10 Min.

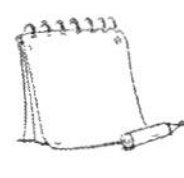 vorbereitete Kärtchen mit lateinischem Wortschatz / Wortformen in mehrfacher Ausführung sowie Kärtchen mit deren deutscher Übersetzung (in getrennten Töpfen bereitgestellt)

Der Spielleiter hat eine Reihe von lateinischen Formen / Phrasen vorbereitet, einzeln auf Kärtchen geschrieben und in mehrfacher Ausführung in einen Topf geworfen. Aus diesem Topf dürfen die Spieler fünf (Zahl kann nach Belieben variiert werden) Kärtchen ziehen. Die deutschen Übersetzungen zu diesen Formen / Phrasen befinden sich in einem zweiten Topf, aus dem der Spielleiter nun ein Kärtchen zieht und die deutsche Form vorliest. Wer glaubt, auf einem vor ihm liegenden Kärtchen die lateinische Entsprechung zu haben, ruft „Heureka" und nennt die Form. Da es wahrscheinlich ist, dass mehrere Spieler dieselbe Form haben, zählt hier Schnelligkeit – wer zuerst „Stopp" ruft, ist an der Reihe. Ist die Form richtig benannt, darf der Spieler sie abhaken. Gewonnen hat, wer zuerst drei Formen aus den fünf gezogenen richtig genannt hat.

Variante: Die Spieler dürfen erst dann „Heureka" rufen, wenn drei ihrer Formen gezogen worden sind. Es wird noch kontrolliert, ob diese Formen tatsächlich gezogen worden sind, dann hat der Schüler die Runde gewonnen.

28. Histriones (Szenisches Spiel)

5–15 Min.

Text

Nachdem ein Text übersetzt worden ist, kann der Inhalt in Form eines szenischen Spiels nochmals vor Augen geführt werden.
Dazu gibt es verschiedene Varianten:

1. Der Text wird laut vorgelesen und ein oder auch mehrere Schüler spielen dazu spontan den Inhalt des Textes nach.
2. Die Schüler bekommen Zeit, um den Text in ein szenisches Spiel zu verwandeln. Dabei dürfen sie sich vom genauen Wortlaut des Textes lösen, sollen aber entsprechende Dialoge in ihr Spiel einbauen. Die Königsdisziplin dabei wäre es, wenn sie dies auf Latein machen.

29. Ignis – Aqua – Fulmen (Feuer – Wasser – Blitz)

5 Min.

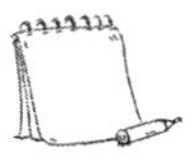

vorbereitete Kärtchen mit Verbformen

Geeignet ist dieses Spiel für die Abfrage unterschiedlicher Grammatikphänomene oder Wortformen, z. B. verschiedener Tempora der Verben. Vorab wird festgelegt, was bei welchem Tempus zu tun ist. Beim Präsens muss man sich z. B. möglichst klein auf den Boden kauern, beim Imperfekt eine Ecke des Raumes aufsuchen und beim Futur I auf den Stuhl stellen.
Es können beliebig viele weitere Kategorien eingeführt werden oder nur zwei Auswahlmöglichkeiten gegeben werden, je nachdem, wie schwierig das Spiel sein soll.
Nun liest der Lehrer eine Form vor. Die Schüler sollen die Form analysieren und die dazugehörige Bewegungsaufgabe schnellstmöglich ausführen. Der langsamste Schüler muss die genannte Form übersetzen.

30. In feriis mihi accidit (Ferienerlebnisse)

10–15 Min.

 keines

Nach den Ferien erzählen die Schüler auf Latein von ihren Erlebnissen in den Ferien. Dies unterstützen sie mimisch und gestisch.
Um die Aufgabe leichter zu machen, müssen die Schüler keine korrekten Sätze bilden, sondern es genügt, wenn sie die entsprechenden lateinischen Wörter in der Lernform sagen und dazu spielen. Die Mitschüler müssen dann erraten, was der Zusammenhang sein könnte. Wem dies gelingt, darf als Nächstes vorspielen. In dieser Form dient das Spiel lediglich der Wortschatzwiederholung.

Variante: Bei einer schwierigeren Variante müssen die Schüler vollständige Sätze auf Latein bilden, die zu ihrem Spiel passen. Auch hier darf derjenige, der das Ferienerlebnis richtig herausfindet, sein eigenes Erlebnis darstellen.

31. Lagona vertens (Flaschendrehen)

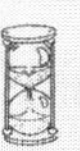 15 Min.

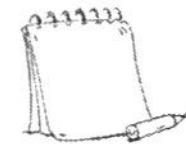 Flaschen, vorbereitete Kärtchen mit Fragen

Die Schüler spielen in Kleingruppen Flaschendrehen. Bevor gedreht wird, vereinbaren die Schüler eine Aktion, die derjenige, auf den die Flasche zeigt, erfüllen muss, wenn er die an ihn gestellte Frage nicht beantworten kann.
Dann wird gedreht. Derjenige, auf den die Flasche zeigt, muss eine Karte vom Stapel ziehen und die Frage (z. B. zum Wortschatz, zur Grammatik oder zum Sachwissen) beantworten. Kann er das nicht, muss er die zuvor festgelegte Aufgabe erfüllen.

32. Locus vacuus (Das große Fragezeichen)

5 Min.

vorbereitete Folie mit Sätzen aus dem übersetzten Text, wobei zentrale Begriffe ausgelassen wurden

Nach der Übersetzung und inhaltlichen Bearbeitung eines Textes präsentiert der Lehrer Sätze aus dem Text, wobei zentrale Begriffe ausgelassen wurden.
Die Schüler sollen diese Begriffe in korrekter Form ergänzen, ohne dabei den Text vor sich liegen zu haben.
Jeder richtig ergänzte Begriff gibt einen Punkt.

33. Ludus atomorum (Atomspiel)

5 Min.

vorbereitete Kärtchen mit verschiedenen Wortformen, z. B. Adjektive in unterschiedlichen Steigerungsformen

Jeder Schüler erhält eine Karte mit einer Wortform, z. B. einem Adjektiv. Die Adjektive stehen in unterschiedlichen Steigerungsformen. Der Lehrer gibt dann verschiedene Anweisungen, z. B. „Alle Komparative gehen zusammen!" oder „Alle Steigerungsformen zum lateinischen Wort für *gut* gehen zusammen!". Die Schüler müssen sich nun so schnell wie möglich in der richtigen Gruppe zusammenfinden. Natürlich geht dies auch mit Verbformen. Die Anweisungen könnten dann z. B. lauten „Alle Formen im Präsens gehen zusammen!" oder „Alle Imperative gehen zusammen!" etc.
Das Spiel eignet sich gut, wenn man Gruppen für eine Unterrichtsphase einteilen und diese zufällig zusammenwürfeln möchte. Man muss dann lediglich bei der Auswahl der Wörter darauf achten, dass man die gewünschte Gruppengröße durch eine bestimmte Anweisung erreicht.

34. Magister dicit (Kommando Pimperle)

5 Min.

keines

Der Lehrer ist der Spielleiter. Er gibt vor, welche Aktionen auszuführen sind. Dazu sagt er stets *Magister dicit* und dann die jeweilige Aktion, z. B. *surge.*
Weitere Beispiele: *Magister dicit: Plaude manus; Magister dicit: Claude oculos; Magister dicit: Tolle librum; …*
Die Schüler sollen die Aktionen immer mitmachen. Sagt der Lehrer vor seiner Aktion allerdings nicht *Magister dicit,* dürfen die Schüler nicht mitmachen. Tut dies doch ein Schüler, ist dies ein Fehler. Entweder werden die Fehler gezählt und am Schluss abgerechnet oder der Schüler muss den Fehler gleich wiedergutmachen, z. B. indem er ein Verb konjugiert.
Es empfiehlt sich, die lateinischen Bezeichnungen für die Aktionen vorher einzuüben und sich dann auf die eingeübten Phrasen zu beschränken, damit ein schneller Wechsel der Aktionen möglich wird.

35. Mecum porto (Kofferpacken)

5–15 Min.

keines

Dieses Spiel kann besonders zu Beginn des Schuljahres hilfreich sein, um die Schüler kennenzulernen. Die Schüler stehen oder sitzen im Kreis, ein Freiwilliger nennt seinen Namen und ein lateinisches Adjektiv, das mit dem gleichen Buchstaben wie sein Name beginnt. (Idealerweise handelt es sich um ein Adjektiv, das auch zu dem Schüler passt.) Der zweite Schüler sagt dann ebenfalls seinen Namen plus ein dazu passendes Adjektiv und ergänzt *mecum porto* plus Namen und Adjektiv seines Vorgängers. Idealerweise setzt er das Adjektiv noch in den Akkusativ – bei den Eigennamen, sofern sie nicht latinisiert werden, dürfte dies schwer sein. Der dritte Schüler geht ebenso vor und ergänzt nun Namen und Adjektive des ersten und zweiten Spielers. Gespielt wird so lange, bis die ganze Lerngruppe an der Reihe war. Bei zu großen Gruppen kann die Klasse halbiert werden.
Als Ergänzung kann eingeführt werden, dass der nachfolgende Spieler das Adjektiv seines Vorgängers zuerst noch übersetzen muss.

Beispiel: 1. Schüler: *Magnus Michael sum.* – 2. Schüler: *Lukas laetus sum et mecum porto magnum Michael.* – 3. Schüler: *Johannes iucundus sum et mecum porto Lukas laetum et magnum Michael.*

36. Memoria teneamus! (Memory® mit Bewegung)

5–10 Min.

vorbereitete Memory®-Karten

Mit Memory® können sowohl Wortschatz als auch Grammatik und Sachwissen geübt werden. Der zu behandelnde Stoff wird auf Memory®-Karten geschrieben, sodass sich immer Paare ergeben, z.B. lateinisches Wort und deutsche Übersetzung oder Fremdwort aus dem Sachwissen und Definition dazu. Die Klasse wird in Gruppen eingeteilt. Jede Gruppe erhält einen Satz Memory®-Karten. Dabei haben die einzelnen Gruppen die gleichen Karten. Soll ein Thema arbeitsteilig behandelt werden, bietet es sich auch an, den Gruppen verschiedene Kartensätze zu geben.

Eine Hälfte der Karten, z.B. die lateinischen Wörter, wird am einen Ende des Klassenzimmers ausgelegt, die andere Hälfte am anderen Ende des Klassenzimmers. Die Gruppen stellen sich an einem Ende des Klassenzimmers auf. Der erste Schüler deckt eine Karte auf. Es ist nicht erlaubt, Karten vom einen zum anderen Ende des Klassenzimmers zu tragen, außer man hat ein Paar gefunden und möchte es aus dem Spiel nehmen. Der Schüler läuft nun zum anderen Teil der Karten und deckt dort eine Karte auf. Ist es die passende Karte, darf er sie mitnehmen, andernfalls muss er sie wieder umdrehen. Er darf dabei mit den Mitgliedern seiner Gruppe kommunizieren. Bevor ein Schüler ein zweites Mal an die Reihe kommt, muss jedes Gruppenmitglied einmal gelaufen sein. Hat man ein Paar gefunden, wird es beim Lehrer abgegeben. Ziel ist es, so schnell wie möglich die richtigen Paare zu finden. Gewonnen hat die Gruppe mit der kürzesten Zeit. Jedes abgegebene falsche Paar gibt eine Zeitstrafe.

37. Motus metricus (Metrisches Gehen)

5 Min.

keines

Die Klasse stellt sich in Zweierreihen auf.
Der Lehrer liest dann Verse, z. B. den Beginn der Metamorphosen Ovids oder Catulls c. 85, laut und betont mit Längen und Kürzen vor. Dabei macht er für lange Silben einen langen Schritt, für kurze Silben einen kurzen Schritt. Die Schüler machen dies mit. Am besten werden die Verse auf diese Weise mehrfach gelesen und dazu gegangen, sodass sich der Rhythmus gut einprägt. Anschließend wird eine metrische Analyse der Verse durchgeführt, die nun viel leichter von der Hand gehen sollte. Ergänzend können die Schüler nach Musik suchen, die zum Text und dem Rhythmus passt, sodass eine Art Tanz entwickelt werden kann.

38. Naufragium (Formen versenken)

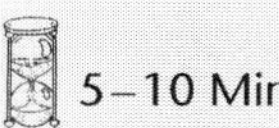

5–10 Min.

vorbereitetes Raster zum Eintragen der Formen, vorbereitete Formen auf Latein und in deutscher Übersetzung

Jeder Partner erhält ein Raster von 5 × 5 Kästchen (am einen Rand von 1–5 und am anderen von A–E beschriftet), ein Blatt mit lateinischen Formen / Phrasen sowie ein Blatt mit deutschen Formen / Phrasen, wobei Spieler A die deutsche Übersetzung der lateinischen Formen von Spieler B und die lateinische Übersetzung der deutschen Formen von Spieler B hat und umgekehrt.
Jeder Spieler sucht sich aus seinen deutschen Formen fünf Formen aus, die er in sein Raster einträgt. Zudem überlegt jeder Spieler gleich, wie seine lateinischen Formen zu übersetzen sind. Sind die Spieler damit fertig, wird mit dem Versenken begonnen. Spieler A wählt eine der Übersetzungen zu den lateinischen Phrasen und nennt dabei auch Koordinaten aus dem Raster (etwa C2). Spieler B muss dann, gemäß seiner eingetragenen Formen, Auskunft geben, ob die Form richtig übersetzt wurde, ob er sie überhaupt verwendet hat und wenn ja, ob die Koordinaten richtig sind. Hat Spieler A einen Treffer erzielt, darf er weitermachen, andernfalls ist B an der Reihe. Gewonnen hat, wer zuerst alle Formen des Gegners versenkt hat.

39. Ne iratus sis! (Mensch ärgere dich nicht!)

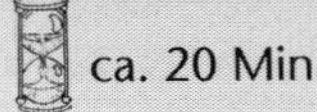

ca. 20 Min.

Spielsteine, Würfel, Mensch-ärgere-dich-nicht-Felder, vorbereitete Kärtchen mit Fragen

Die Schüler werden in Gruppen eingeteilt. Die Regeln weichen nur dahingehend vom Mensch-ärgere-dich-nicht ab, dass ergänzend Fragen zum Stoff ins Spiel kommen.
Wenn ein Spieler einen anderen wirft, muss er zusätzlich ein Kärtchen ziehen und die daraufstehende Frage richtig beantworten. Erst wenn ihm dies gelingt, hat er den Stein geworfen. Kommt ein Spieler mit seinem Stein nach Hause, muss er ebenfalls zuerst eine Frage richtig beantworten, bevor er mit dem Stein hineinfahren darf.

40. Nemo sine macula (Nobody's perfect)

10–15 Min.

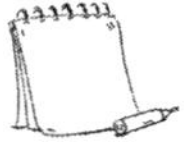

vorbereitete Kärtchen mit Fremdwörtern, die die Schüler mithilfe ihrer Lateinkenntnisse herleiten können

Das Spiel wird am besten in Gruppen mit maximal sechs Teilnehmern gespielt. Pro Runde gibt es einen Spielleiter, der eine Karte vom Stapel mit den Fremdwörtern zieht.
Das Fremdwort wird vorgelesen. Alle Spieler sollen nun versuchen, eine Definition zu diesem Wort aufzuschreiben. Diese sollte möglichst kreativ sein. Auch wenn man die richtige Bedeutung des Wortes schon kennt, sollte man sich eine andere, kreative Lösung überlegen. Der Spielleiter selbst notiert die richtige Definition zum Wort.

Dann sammelt er alle Definitionen ein und trägt sie nacheinander vor. Die Spieler müssen sich für die Definition entscheiden, die ihnen am sinnvollsten erscheint. Anschließend wird aufgelöst, welche Bedeutung das Fremdwort tatsächlich hat. Wer sich für die richtige Definition entschieden hat, erhält einen Punkt. Haben Spieler eine falsche Definition gewählt, bekommt der Verfasser dieser Definition für jeden Spieler, den er überzeugt hat, einen Punkt gutgeschrieben. Gewonnen hat am Ende der Spieler mit den meisten Punkten.

41. Nugas videre (Ich sehe was, was du nicht siehst)

5 Min.

vorbereitete Folie mit lateinischem Text oder einem Bild

Wird im Unterricht ein Bild zu einem Thema näher besprochen, eignet sich dieses Spiel, um detailgenaues Betrachten zu fördern.

Ein Schüler wählt sich auf einem Bild ein Detail aus. Er beginnt damit, eine Eigenschaft des gewählten Details zu nennen, z. B. „Ich sehe was, was ihr nicht seht, und das ist kein Mensch.".

Die anderen Schüler müssen nun überlegen, was er ausgewählt hat, und danach fragen. Die Anzahl der falschen Rateversuche wird gezählt. Der Schüler, der die meisten Fehlversuche beim Raten erzeugt, gewinnt.

Variante: Alternativ kann das Spiel auch mit lateinischen Texten gespielt werden. In diesem Fall wählt der Spieler ein Wort im Text aus und gibt dazu Informationen. Wenn z. B. das Wort *gaudet* gewählt wurde, kann er sagen „Ich sehe was, was ihr nicht seht, und das ist ein Verb." oder „... und das ist ein Prädikat." oder „... und das steht im Indikativ." etc.

42. Pediludium verborum (Vokabelfußball)

5 Min.

Fußballspielfeld auf Folie oder an der Tafel, vorbereitete Formen / Phrasen

Mit dem Tageslichtprojektor wird ein Spielfeld an die Wand projiziert, bestehend aus Mittellinie mit Mittelkreis und Anstoßpunkt, 16-Meter-Raum und Tor (alternativ kann auch eine Magnettafel, sofern vorhanden, mit entsprechender magnetischer Spielfigur verwendet werden). Zu Beginn befindet sich der Ball am Anstoßpunkt. Die Teilnehmer sind auf zwei Mannschaften aufgeteilt. Jeder Mannschaft wird eine Spielfeldhälfte zugewiesen. Der Spielleiter nennt Formen / Phrasen. Wer glaubt, die Lösung zu wissen, ruft „Stopp", steht auf und nennt dann seine Lösung. Ist diese richtig, wird der Ball vom Anstoßpunkt zum 16-Meter-Raum des gegnerischen Tores bewegt. War die Antwort falsch, wird der Ball in die Gegenrichtung bewegt. Gelingt es einer Mannschaft, hintereinander zwei richtige Lösungen zu nennen, so hat sie ein Tor erzielt. Daraufhin wird vom Anstoßpunkt aus wieder begonnen. Um zu verhindern, dass immer die gleichen Spieler die Formen herausrufen, kann die Regel eingeführt werden, dass nicht dieselbe Person unmittelbar hintereinander eine Lösung nennen darf.

Variante: Wie beim richtigen Fußball wird nicht nur über die Mitte angegriffen, sondern man kann auch über den linken und rechten Flügel kommen. Auf die drei Angriffswege links – Mitte – rechts verteilt werden dann die Formen aus den Rubriken Kongruenz – Verbformen – Phrasen. Mittels eines Würfels wird bestimmt, wo gespielt wird, etwa bei 1 und 2 auf dem linken Flügel, bei 3 und 4 in der Mitte, bei 5 und 6 auf dem rechten Flügel. Die übrigen Regeln bleiben gleich.

43. Perturbatio litterarum (Shuffle-Wörter)

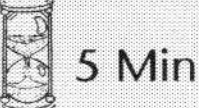
5 Min.

vorbereitete Folie mit Shuffle-Wörtern

Der Lehrer wählt aus dem aktuellen oder zu wiederholenden Wortschatz Wörter und Wortformen aus, deren Buchstabenanordnung er vertauscht.
So wird z. B. aus *laudat „tadula"* oder aus *ego „geo"* usw.
Die Wörter werden nacheinander gezeigt. Die Schüler sollen die durcheinandergeratenen Buchstaben wieder in die richtige Reihenfolge bringen. Wer das richtige Wort zuerst gefunden hat, bekommt einen Punkt.
Für die zusätzliche richtige Übersetzung des Wortes bzw. der Form gibt es einen Extrapunkt.

44. Perturbatio sententiarum (Satzsalat)

10–15 Min.

vorbereitete Kärtchen mit Satzgliedern aus dem aktuellen lateinischen Text

Die Satzglieder des lateinischen Textes werden auf die Schüler verteilt. Aufgabe ist es nun, die Satzglieder so zu kombinieren, dass neue und korrekte Sätze entstehen.
Dabei können Punkte für die kreativsten Sätze vergeben werden.

45. Pictor (Montagsmaler)

5–10 Min.

vorbereitete Kärtchen mit Wortschatz

Gespielt wird in Gruppen. Die Schüler sollen lateinische Wörter zeichnerisch darstellen, sodass ihre Mitspieler das Wort erkennen.
Im Wechsel kommt immer ein Vertreter einer Gruppe an die Tafel, zieht eine Karte und versucht, den gezogenen Begriff zu malen. Alle Mannschaften dürfen mitraten. Wer zuerst die richtige Lösung nennt, bekommt den Punkt. Die Mannschaft mit den meisten Punkten gewinnt.

Variante: Kombination von Montagsmaler und Flüsterpost:
Die Schüler malen nicht an die Tafel, sondern auf den Rücken ihrer Mitschüler. Dabei sitzen die Mitglieder einer Gruppe hintereinander, sodass man gut auf den Rücken malen kann. Alle Mannschaften malen gleichzeitig. Die jeweils am Ende sitzenden Spieler bekommen vom Spielleiter einen Begriff gezeigt, den sie ihrem Vordermann auf den Rücken malen müssen. Der vorderste Spieler muss dann sagen, was bei ihm angekommen ist. Ist dies der Ausgangsbegriff, gibt es einen Punkt. Alternativ kann der Begriff auch Buchstabe für Buchstabe auf den Rücken geschrieben werden, anstatt ihn zu malen.

46. Poma varia (Obstsalat)

5 Min.

Text zum Vorlesen, abgestimmt auf aktuelle Grammatik

Die Klasse sitzt im Stuhlkreis, wobei ein Stuhl weniger im Kreis ist, als es Schüler sind, sodass ein Schüler in der Mitte des Kreises steht.
Allen Schülern werden Kriterien des Prädikates zugewiesen, z. B. „Prädikat in der 3. Person Plural“, „Prädikat im Singular“, „Prädikat im Konjunktiv Präsens“ usw. Von diesen Kriterien werden etwa fünf verschiedene auf die Schüler verteilt, sodass mehrere Schüler das gleiche Kriterium haben.
Der Lehrer liest nun einen Text, z. B. den Lektionstext, vor und die Schüler müssen so schnell wie möglich feststellen, ob das Prädikat des Satzes ihrem Kriterium entspricht. Ist dies der Fall, müssen die entsprechenden Schüler Plätze tauschen. Der Schüler in der Mitte versucht dabei, einen frei werdenden Platz zu ergattern. Wer übrig bleibt, muss das Prädikat des aktuellen Satzes übersetzen, dann folgt der nächste Satz.
Das Spiel kann auch mit anderen Beobachtungsaufgaben gespielt werden, z. B. Subjekt aus der a- / o- / u- / konsonantischen Deklination.

47. Primus adveniens (Erster im Ziel)

5 Min.

vorbereitete Fragen

Um mehr Platz zu haben, wird dieses Spiel am besten in der Aula oder im Freien gespielt. Die Spieler stellen sich an einer Startlinie auf. Von dort ausgehend werden mehrere Markierungen als Zwischenstationen festgelegt, z. B. immer im Abstand von einem Meter von der Grundlinie ausgehend, sowie eine Ziellinie. Der Lehrer stellt dann Fragen zum aktuellen Stoff. Wer die Frage am schnellsten richtig beantwortet, darf zur nächsten Markierung vorrücken. Wer als Erstes die Ziellinie überschreitet, hat gewonnen.

Variante: Das Spiel kann auch in Kleingruppen (maximal vier Schüler) gespielt werden. Dann bekommen die Gruppen immer einen Satz zur Übersetzung oder eine vergleichbare, etwas schwierigere Aufgabe. Die Gruppe, die die gestellte Aufgabe am schnellsten löst, darf vorrücken.

48. Primus sedens (Wer sitzt zuerst?)

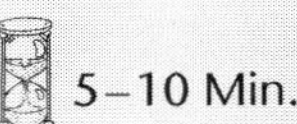

5–10 Min.

vorbereitete Fragen

Alle Schüler der Lerngruppe stehen. Der Lehrer stellt Fragen. Wer die Frage als Erstes richtig beantworten kann, darf sich setzen. Das Spiel kann auch in Gruppen gespielt werden, wobei dann die Gruppe gewonnen hat, die zuerst komplett sitzt. Die Gruppenmitglieder dürfen sich gegenseitig auch helfen.
Auf diese Weise kann z. B. zu wiederholender Wortschatz abgefragt werden. Denkbar sind auch Fragen zur Grammatik, beispielsweise zur korrekten Bestimmung und Übersetzung von Substantiv- bzw. Verbformen. Die Gruppe, die zuletzt komplett sitzt, kann zusätzlich gleich eine neue Aufgabe bekommen, wie z. B. den Beginn der Hausaufgabenverbesserung.

49. Prohibitum (Tabu®)

Stoppuhr

Die Schüler überlegen sich in Gruppen Wörter, die die anderen Gruppen erraten müssen. Dabei wählen sie fünf Wörter aus, die bei der Beschreibung ihrer Meinung nach besonders hilfreich sind. Diese Wörter notieren sie unter den zu erratenden Begriff. Der Spieler, der das Wort zu erklären hat, darf diese fünf Begriffe nicht verwenden. Auch Bestandteile dieser Wörter dürfen nicht verwendet werden.

Beispiel: „Zirkusspiele": Der Erklärende darf dann das Verb „spielen" nicht verwenden. Die anderen Wörter, die nicht genannt werden dürfen, könnten folgende sein: *Wagenrennen – Unterhaltung – Massenveranstaltung – Pferde – Wettkampf.*

Hat jede Mannschaft eine festgelegte Anzahl an Begriffen erarbeitet, beginnt das eigentliche Spiel. Jede Gruppe erhält die zu erratenden Begriffe einer anderen Gruppe und bestimmt einen Spieler als den Erklärer. Dieser hat nun eine Minute lang Zeit, so viele Begriffe wie möglich zu erklären. Jeder erratene Begriff gibt einen Punkt für die eigene Mannschaft. Verwendet der Erklärer verbotene Wörter, bekommen die Gegner den Punkt, ebenso, wenn der Erklärer einen Begriff gar nicht erklären kann / will.

50. Prohibitum retrorsum (Tabu® rückwärts)

5–15 Min.

vorbereitete Tabu®-Karten

Entweder hat der Lehrer bereits Tabu®-Karten mit Begriffen vorbereitet oder die Schüler machen dies in ihren Gruppen für die jeweils anderen Gruppen. Die Gruppen sollten aus nicht mehr als fünf Schülern bestehen.
Ziel des Spiels ist es, den gesuchten Begriff zu erraten. Dabei dürfen aber nur die Begriffe verwendet werden, die auf der Karte stehen. Der Erklärer darf also nicht beliebig viele Wörter für die Erklärung heranziehen, sondern nur die vier auf der Karte genannten. Der Erklärer darf selbst entscheiden, in welcher Reihenfolge er die Begriffe nennt. Punkte gibt es nämlich dafür, wie viele Begriffe benötigt wurden, um zur Lösung zu kommen.
Wird nur ein Begriff benötigt, bekommt man vier Punkte, bei zwei Begriffen noch drei Punkte etc.

Beispiel:

Latein
Antike
Römer
Sprache
Unterricht

51. Quadratum magicum (Magisches Quadrat)

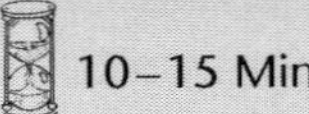
10–15 Min.

Wörterbücher

Um den Umgang mit dem Wörterbuch zu trainieren, sollen die Schüler ein „magisches Quadrat“ erstellen, ähnlich dem bekannten „Sator-Arepo-Quadrat“. Um es für den Anfang leichter zu machen, gilt zunächst nur die Regel, dass die Wörter horizontal und vertikal eingetragen werden können.

Beispiel:

R	O	M	A
O	M	E	N
M	E	A	T
A	N	T	E

Der Ersteller des Quadrates überlegt sich zu jeder Zeile bzw. Spalte noch eine Frage, damit die Mitschüler das Quadrat dann ausfüllen können.
Langsam kann der Schwierigkeitsgrad gesteigert werden, indem z. B. vorgegeben wird, dass die Wörter mehr Buchstaben haben oder zusammengenommen einen kurzen Satz ergeben müssen.

52. Quaesitio parium (Paarsuche)

2–3 Min.

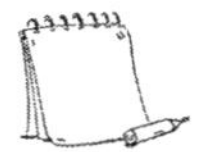
vorbereitete Kärtchen mit Wortpaaren (zusammengehörende Paare auf getrennten Kärtchen)

Jeder Schüler zieht ein Kärtchen. Je nachdem, ob man mit dem Spiel Formenlehre üben möchte oder Sachwissen abfragen, haben die Kärtchen andere Inhalte. Im ersten Fall stehen auf der einen Hälfte der Karten lateinische Formen, auf dem jeweils dazugehörigen Kärtchen die passende Übersetzung. Beim Sachwissen kann man zwei Sätze, die sich ergänzen, auf die Karten verteilen.
Aufgabe der Schüler ist es dann, schnellstmöglich das zum eigenen Kärtchen passende zu finden, indem sie im Klassenzimmer herumlaufen und sich mit den Mitschülern austauschen.

53. Quaestio angulorum (Eckenuntersuchung)

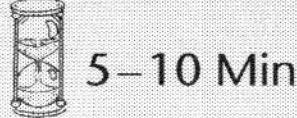
5–10 Min.

keines

Der Lehrer nennt vier Wörter, die er den Ecken des Raumes zuordnet. Drei dieser Wörter haben eine Gemeinsamkeit, das vierte passt nicht dazu, z. B. *teneo – gaudet* – ***damus*** – *rides* (*damus* passt nicht in die Reihe, da es kein Verb der e-Konjugation ist). Die Schüler begeben sich in die Ecke für das nicht passende Wort. Die Entscheidung soll begründet werden. Wer eine falsche Ecke gewählt hat, scheidet aus. Gewonnen hat, wer als letzter übrig bleibt.

54. Quid putant alii? (Ruck-zuck)

5 Min.

keines

Die Schüler werden in Gruppen zu maximal fünf Schülern eingeteilt. Jede Gruppe bekommt die Aufgabe, sich zu einem bestimmten Themenfeld (z. B. Religion, Gebäude, Menschen, …) zehn Vokabeln zu überlegen und diese zu notieren. (Je nach Themenfeld bzw. Wortschatz der Schüler können auch mehr oder weniger Wörter als zehn vorgegeben werden.)
Ist dies geschehen, sendet jede Gruppe einen Vertreter mit ihren Vokabeln zu einer anderen Gruppe. Diese andere Gruppe hat nun die Aufgabe, innerhalb von zwei Minuten zu erraten, welche Wörter zu dem jeweiligen Themenfeld notiert worden sind. Jeder erratene Begriff gibt einen Punkt.

55. Quis sum? (Wer bin ich?)

Post-it-Zettel

Die Schüler werden in Gruppen zu maximal fünf Teilnehmern eingeteilt. Jeder Schüler überlegt sich für einen anderen Schüler eine Person aus der Antike, deren Namen er auf einen Post-it-Zettel notiert und dem betreffenden Schüler an die Stirn heftet. Ist jeder mit einem Namen versorgt, beginnt die Raterunde. Es dürfen nur Satzfragen gestellt werden, also Fragen, die mit „Ja" oder „Nein" beantwortet werden können, z. B. „Bin ich männlich?". Auf diese Weise soll der Name auf dem Post-it-Zettel erraten werden. Wem dies zuerst gelingt, ist Sieger.

Variante: Alternativ kann auch mit Vokabeln gespielt werden, d. h. statt der Namen werden auf die Post-it-Zettel lateinische Vokabeln geschrieben.
Eine wesentlich kürzere Variante sieht so aus, dass sich ein einzelner Schüler eine Figur aus der Antike überlegt. Die Mitschüler müssen ihm nun Satzfragen stellen, um herauszubekommen, welche Person er sich ausgesucht hat. Wer dies errät, darf sich eine neue Person überlegen. Alternativ können auch bei dieser Variante lateinische Vokabeln erraten werden.

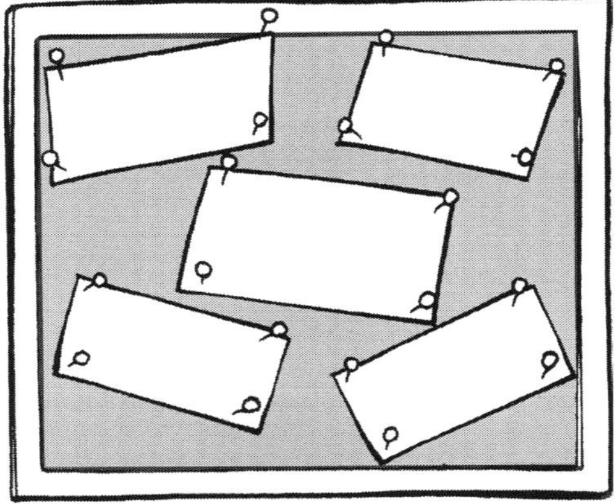

56. Salvete! (Halli-Hallo)

Bälle

Für dieses Spiel wird die Klasse in Gruppen zu je vier bis sechs Teilnehmern eingeteilt. Das Klassenzimmer eignet sich nicht für die Durchführung, da Bälle in die Höhe geworfen werden sollen, sodass am besten im Freien gespielt wird. Jede Gruppe bekommt einen Ball. Ein Schüler der Gruppe überlegt sich eine lateinische Verbform, die er nicht laut sagt. Die anderen Gruppenmitglieder stehen ihm mit Blickkontakt in einer Reihe gegenüber. Der erste der Reihe hat den Ball und wirft ihn dem einzelnen Schüler zu. Dabei stellt er eine Frage zu der Verbform, z. B. „Steht das Verb im Präsens?". Die Fragen müssen stets mit „Ja" oder „Nein" beantwortet werden können. Der Spieler, der sich die Verbform überlegt hat, fängt den Ball, beantwortet dann die Frage entsprechend und wirft zum nächsten Spieler in der Reihe, der sich eine neue Frage überlegt und den Ball zurückspielt. So geht es weiter, bis ein Spieler glaubt, die richtige Verbform zu kennen. Er spielt dann den Ball zum einzelnen Spieler und stellt gezielt die Frage nach dem Wort, also z. B. „Ist dein Wort *est*?". Hat er die richtige Form erraten, ruft der einzelne Spieler „Salvete" und wirft den Ball senkrecht nach oben. Alle Gruppenmitglieder laufen weg, bis auf denjenigen, der das Wort erraten hat. Er fängt den Ball und schreit „Stopp!", woraufhin alle Weglaufenden stehen bleiben müssen. Dann sucht er sich den Mitspieler aus, der den kürzesten Abstand zu ihm hat, und darf so viele Schritte, wie das erratene Wort Silben hat, auf den Mitspieler zugehen (im Fall von *est* also einen Schritt). Er muss nun versuchen, entweder durch die korbförmig vor der Brust gehaltenen Arme zu werfen („Korb"), durch die gegrätschten Beine zu rollen („Grätsche") oder den Mitspieler abzuwerfen, der aber mit dem Oberkörper ausweichen darf („Wackelpudding"). Welche dieser drei Aktionen er durchführen möchte, legt er zuvor fest. Gelingt ihm dies, darf er sich ein neues Wort überlegen. Gelingt es nicht, darf sich der Abzuwerfende ein neues Wort ausdenken. Bei der Gruppenbildung kann auch auf den Leistungsstand der Schüler geachtet werden, sodass sich Differenzierungsmöglichkeiten ergeben. Wichtig ist, dass sich die Schüler gegenseitig kontrollieren und gegebenenfalls verbessern, wenn sich jemand eine falsche, nicht existierende Wortform ausgedacht hat. Nur dann kann der gewünschte Lernerfolg eintreten.

57. Sedes ardens (Heißer Stuhl)

5 Min.

keines

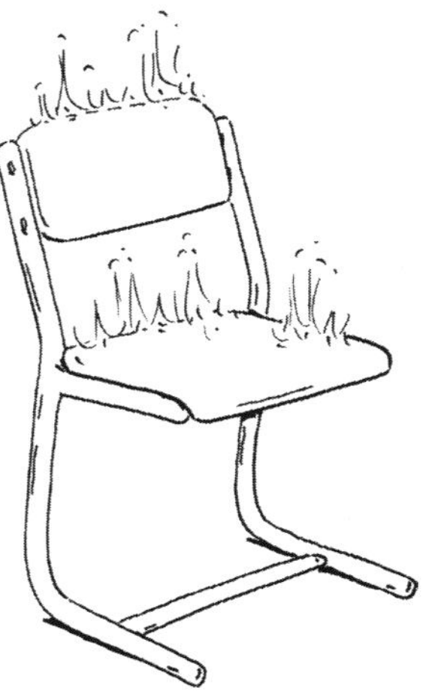

Ein Schüler sitzt mit dem Rücken zur Tafel, sodass er nicht sehen kann, was dort notiert wird. Der Lehrer schreibt eine Wortform an die Tafel, die die Schüler demjenigen auf dem heißen Stuhl dann beschreiben sollen.

Beispiel: Steht *audiat* an der Tafel, sollen die Schüler etwa sagen: „ein Verb" – „steht in der 3. Person Singular" – „durch das Verb wird eine Sinneswahrnehmung ausgedrückt" – „steht im Konjunktiv Präsens" – etc., so lange, bis der Schüler auf dem heißen Stuhl den Begriff korrekt genannt und übersetzt hat.
Der Schüler, der die wenigsten Hinweise braucht, gewinnt.

58. Semaphorus (Ampelspiel)

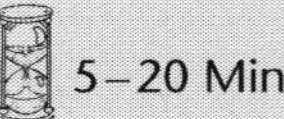

5–20 Min.

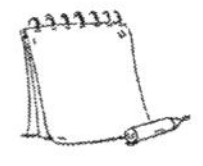

vorbereiteten lateinischen Text mit falschen und richtigen Übersetzungen auf Folie

Eine verhältnismäßig schnelle Variante, um Übersetzungen zu erstellen, kann das Ampelspiel sein. Der lateinische Text wird mit Übersetzungsvarianten präsentiert, je nach Ausstattung des Klassenraumes auf Folie und Tageslichtprojektor oder mittels Beamer.
Der Text wird Satz für Satz bearbeitet. Die angebotene Übersetzung ist nicht immer korrekt. Die Schüler müssen sich entscheiden, ob die Übersetzung richtig oder falsch ist. Dies signalisieren sie dadurch, dass sie entweder etwas Grünes (= richtig) oder etwas Rotes (= falsch) hochhalten. Die jeweilige Entscheidung muss begründet werden. Bei der Auswertung muss auf die Ehrlichkeit der Schüler gesetzt werden, da sie ihre Punkte selbst zählen. Ein Schüler gibt für den jeweiligen Satz die Begründung, an der sich alle anderen bei ihrer Punktevergabe orientieren. Wer die meisten richtigen Zuordnungen und Begründungen hat, gewinnt.

59. Sententia mira (Fritz sitzt in der Badewanne)

10 Min.

keines

Die Schüler spielen in Gruppen zu vier Teilnehmern. Jeder Spieler hat ein Blatt vor sich liegen. Der Lehrer gibt vor, welche Kriterien das erste zu notierende Wort erfüllen muss, z. B. maskulines Substantiv im Nominativ Singular. Jeder Schüler schreibt ein solches Substantiv auf sein Blatt. Anschließend faltet jeder Schüler das Blatt so nach hinten um, dass das Wort nicht mehr gelesen werden kann und gibt es im Uhrzeigersinn weiter. Das nächste Wort, das zu notieren ist, ist dann ein Adjektiv, das kongruent zum ersten Wort sein muss. Wieder notiert jeder Schüler ein solches Wort, faltet das Blatt nach hinten und gibt es weiter. Nun soll ein Adverb notiert werden. Das Blatt wird wieder gefaltet und weitergegeben. Zum Schluss folgt das Prädikat des Satzes, das natürlich auch kongruent mit dem zuerst genannten Substantiv sein muss.
Es entstehen also Sätze nach dem Muster: *Amicus laetus semper ridet.*
Die bei diesem Spiel entstehenden Sätze sind mitunter sehr lustig, wenn auch häufig sinnfrei.

60. Statuae moventes (Bewegtes Standbild)

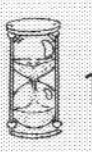
10 Min.

keines

Eine Situation aus einem Text oder ein Bild, das thematisiert worden ist, wird von den Schülern der Klasse nachgestellt. Ein Schüler übernimmt dabei die Rolle des Baumeisters. Er ordnet die anderen entsprechend der Situation aus dem Text oder dem Bild an. Ein weiterer Schüler wird vor Beginn der „Bauarbeiten“ zum Warten vor die Tür geschickt.
Der Baumeister baut nämlich in das Standbild Bewegungen ein, die die Schüler ausführen sollen und die natürlich zum Thema des Standbildes passen. Um diese Bewegungen abzustellen, baut der Baumeister auch irgendwo im Standbild einen Ausschaltknopf ein, z. B. am rechten Ohr des vordersten Schülers.
Die Aufgabe des Schülers, der vor der Tür gewartet hat, ist es nun, den Ausschaltknopf zu finden und somit das eigentliche Standbild wiederherzustellen. Dazu probiert er verschiedene Dinge aus. Macht er sich am rechten Ohr des vordersten Schülers zu schaffen, also dort, wo tatsächlich der Ausschaltknopf ist, bleiben alle Schüler stehen und sind wieder das Standbild.

61. Te libra! (Balanceakt)

5 Min.

vorbereitete lateinische Formen auf Kärtchen (fakultativ bereits im Vorfeld nach Gruppen sortiert in einen Umschlag stecken), Dachlatten oder Springseile

Die Schüler werden in Gruppen zu maximal zehn Schülern eingeteilt. Jede Mannschaft erhält eine Dachlatte, auf der sich die Teilnehmer aufstellen sollen, ohne den Boden zu berühren. Daraufhin zieht jeder Spieler ein Kärtchen mit einer Verbform. Ziel ist es nun, sich so auf der Stange zu sortieren, dass die Verbformen in der richtigen Reihenfolge stehen, wobei die Dachlatte nicht verlassen werden darf.
Bei sechs Spielern könnte man z. B. die Konjugation eines Verbes heranziehen (*sum – es – est – sumus – estis – sunt).* Die Spieler müssen sich dann in dieser Reihenfolge auf der Latte sortieren. Die Zettel einfach untereinander zu tauschen ist natürlich streng verboten!
Ein weiteres Kriterium zur Anordnung bietet sich, wenn verschiedene Tempora verwendet werden. So könnten die Formen *es – laudavit – audiebat – amabimus – gavisus erat* nach dem Tempus geordnet werden, angefangen vom Plusquamperfekt bis hin zum Futur. Außerdem können die Kriterien Tempus und Person auch kombiniert werden. Wenn man z. B. die Wörter *tango – es – laudavit – audiebat – veniebas – gavisus erat* hat, müssen die Wörter nach Tempus und auch nach Person sortiert werden.

62. Usque A ad Ω (Wortschatz-ABC)

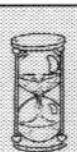

10 Min.

keines

Die Schüler werden in Gruppen zu maximal vier Schülern eingeteilt. Der Auftrag besteht nun darin, dass die Gruppen auf einem Blatt ein ABC zu einem bestimmten Thema erstellen sollen, z. B. griechische und römische Götter. Je nach Schwierigkeit dürfen dazu nur lateinische oder auch deutsche Begriffe verwendet werden.
Hat die erste Gruppe das ABC vollständig erstellt, müssen alle aufhören zu arbeiten. Ähnlich wie bei Stadt – Land – Fluss erfolgt nun die Auswertung. Hat nur eine Mannschaft zu einem Buchstaben einen Begriff gefunden, bekommt sie dafür drei Punkte. Haben zwei oder mehr Gruppen den gleichen Begriff zu einem Buchstaben, gibt es dafür nur einen Punkt. Für alle anderen Begriffe gibt es zwei Punkte. Sieger ist die Mannschaft mit den meisten Punkten.

63. Velocissime (Dalli-Dalli)

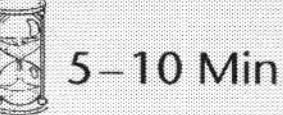

keines

Die Schüler werden in Gruppen zu maximal fünf Teilnehmern eingeteilt. Jede Gruppe hat einen Zettel vor sich. Zu einem vorgegebenen Wort- oder Sachfeld sollen die Gruppen nun alle Vokabeln, die ihnen zu dem Thema einfallen, innerhalb einer bestimmten Zeit (z. B. zwei Minuten) aufschreiben.
Anschließend werden die Wörter an der Tafel gesammelt. Einen Punkt gibt es für jedes genannte Wort, wenn dieses Wort auch eine andere Gruppe gefunden hat. Hat nur eine Gruppe ein bestimmtes Wort aufgeschrieben, gibt es dafür zwei Punkte.

Beispiele für Themenfelder: Religion, Krieg, Völker, Wünschen / Verlangen, Essen / Nahrung, ...

64. Verba apta (Outburst®)

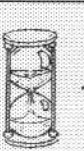

10 Min.

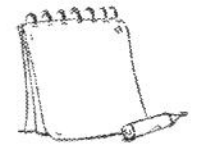

vorbereitete Kärtchen mit zu erratenden Begriffen

Die Klasse wird in zwei Gruppen eingeteilt. Die erste Gruppe zieht eine Begriffskarte und nennt der anderen Gruppe das Thema. Diese Gruppe muss nun innerhalb einer Minute erraten, welche Begriffe zu diesem Thema gehören.
Je nach Wissen der Schüler bzw. dem Themengebiet können mehr oder weniger Begriffe auf der Karte stehen. Jeder erratene Begriff bringt einen Punkt.

Beispiel:

Antike Bauwerke in Rom
Kurie
Kolosseum
Circus Maximus
Trajanssäule

65. Verba comparare (Halli-Galli)

10–15 Min.

vorbereitete Kärtchen mit unterschiedlichen Wortformen sowie Karten mit verschiedenen Kriterien zur Bestimmung von Wörtern (z. B. Numerus, Kasus, Genus, Modus, Tempus, Person, Deklination, Konjugation, …)

Das Spiel wird in Gruppen gespielt (maximal sechs Schüler). Jede Gruppe bekommt einen Satz vorbereiteter Karten. Die Karten mit den verschiedenen Wortformen werden auf die Spieler verteilt, sodass jeder ca. zehn Karten auf einem Stapel verdeckt vor sich liegen hat. Die Karten mit den Kriterien zur Bestimmung von Wörtern werden in die Mitte gelegt und eine Karte aufgedeckt, sodass ein Kriterium zu lesen ist, z. B. „Numerus".
Der Reihe nach drehen die Schüler nun die Karten von ihrem Stoß um. Liegen vor zwei Schülern Wortformen, die das Kriterium in der Mitte erfüllen, müssen diese beiden schnellstmöglich auf die Karte in der Mitte schlagen. Wem dies als Erstes gelingt, darf alle seine offenliegenden Karten dem Langsameren geben, sofern er die beiden Wörter richtig übersetzen kann.
Der Verlierer der Runde legt die Karten unter seinen Stapel, deckt eine neue Karte in der Mitte auf und dreht eine Karte von seinem Stoß um.
Gewonnen hat derjenige, der zuerst alle seine Karten losgeworden ist.
Zu beachten ist, dass z. B. beim Kriterium „Numerus" auch wortartenübergreifend reagiert werden muss, wenn z. B. ein Substantiv und ein Verb im Singular aufgedeckt sind.

66. Verumne an falsum? (Wahr oder falsch?)

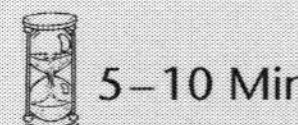

5–10 Min.

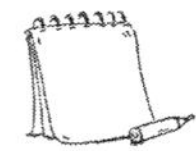

vorbereitete Aussagen zum Textverständnis, je ein Stuhl mit der Aufschrift *verum* bzw. *falsum*

Dieses Spiel eignet sich zur Nachbereitung eines bereits übersetzten Textes. Jeweils zwei Partner stehen sich in einer Gasse so gegenüber, dass sie sich ansehen und die Klasse auf diese Weise in zwei Gruppen geteilt ist. An einem Ende des Klassenzimmers stehen zwei Stühle mit *verum* bzw. *falsum* bereit.
Der Lehrer liest nun Aussagen vor, die sich auf den übersetzten Text beziehen und wahr oder falsch sind. Am Ende jeder Aussage nennt er eine Nummer für ein Paar, z. B. die 7. Je nachdem, ob die Aussage wahr oder falsch ist, sollen die Schüler von Paar 7 dann versuchen, schneller als ihr Partner auf dem korrekten Stuhl zu sitzen. Wer zuerst richtig sitzt, bekommt einen Punkt für seine Gruppe. Gewonnen hat am Ende das Team mit den meisten Punkten.

Variante: Um das Spiel zu erschweren, liest der Lehrer die Aussagen auf Latein vor, sodass die Schüler erst noch den lateinischen Text verstehen müssen.

Teil B:
XV antike Spiele

Beschreibung des antiken Spiels

Ein Quadrat wurde in neun kleine Quadrate unterteilt, die mit den Zahlen von eins bis neun beschriftet wurden. Für jedes dieser Quadrate gab es ein Kärtchen, mit dem es verdeckt werden konnte. Es wurde mit zwei Würfeln geworfen und nach jedem Wurf die Summe sowie die Differenz der Augen ermittelt (z. B. 2 + 3 = 5; 3 – 2 = 1). Der Spieler durfte die entsprechenden Felder dann abdecken (im Beispiel also Feld eins und fünf). Der Spieler würfelte so lange, bis er alle Felder abgedeckt hatte, der Mitspieler notierte die benötigte Anzahl an Würfen. Wenn alle Felder abgedeckt waren, war es die Aufgabe des Mitspielers, die Felder wieder auf dieselbe Weise zuzudecken. Gewonnen hatte derjenige, der insgesamt weniger Würfe benötigte.

Wechsel von Lernen und Spiel (Livius, Ab urbe condita 5, 27)	**Übersetzung**
Mos erat Faliscis eodem magistro liberorum et comite uti, simulque plures pueri, quod hodie quoque in Graecia manet, unius curae demandabantur. Principum liberos, sicut fere fit, qui scientia videbatur praecellere erudiebat. Is cum in pace instituisset pueros ante urbem lusus exercendique causa producere, nihil eo more per belli tempus intermisso, [dum] modo brevioribus modo longioribus spatiis trahendo eos a porta, lusu sermonibusque variatis, longius solito ubi res dedit progressus (…).	Die Faliscer hatten den Brauch, denselben Mann als Lehrer und Begleiter der Kinder zu nehmen und zugleich wurden mehrere Knaben, was auch heute noch in Griechenland praktiziert wird, der Sorge eines Mannes anvertraut. Die Kinder der Vornehmen erzog derjenige, der an Wissen hervorzustechen schien, wie es in der Regel ja geschieht. Weil dieser im Frieden begonnen hatte, die Knaben zum Spielen und Üben vor die Stadt zu führen und diese Gewohnheit auch in Kriegszeiten nicht unterbrochen wurde, schritt er, sie vom Tor wegziehend, bald mit kürzeren, bald mit längeren Strecken weiter als gewohnt weg, sobald sich ihm Gelegenheit bot, wobei sich Spiel und Gespräch abwechselten (…).

Aperire – Claudere

5–10 Min.

 vorbereitetes Spielfeld, Würfel, vorbereitete Kärtchen mit Fragen

Beschreibung des Spiels heute

Für den Unterricht kann dieses Spiel zur Abfrage von Wortschatz, Grammatik oder Sachwissen genutzt werden. Als Material werden zwei Würfel sowie vorbereitete Fragekarten benötigt. Die Karten können zum einen vom Lehrer im Vorfeld gestaltet werden. Für eine bessere Durchdringung des Lernstoffes bietet es sich aber auch an, dass die Schüler selbst Fragen entwerfen. Allerdings ist dann darauf zu achten, dass die Schüler wirklich sinnvolle Fragen stellen, die auch ein angemessenes Schwierigkeitsniveau haben.

Außerdem kann es hilfreich sein, ein Raster mit den Maßen drei auf drei Kästchen zu erstellen, in dem die Kästchen mit den Nummern eins bis neun beschriftet sind. Im Freien kann dieses Raster einfach auf den Boden gezeichnet werden.
In jedes Kästchen wird verdeckt eine Fragekarte gelegt. Es wird nach dem im antiken Spiel beschriebenen Muster gewürfelt. Beim Wurf einer Drei und einer Zwei dürfen also die Felder eins und fünf geöffnet werden. Kann der Spieler die Fragen richtig beantworten, gehören die Karten ihm, die Felder bleiben dann leer. Ist die Antwort falsch, wird die Karte wieder umgedreht.

Gespielt wird, bis alle Karten abgeräumt sind. Gewonnen hat der Spieler mit den meisten Karten.

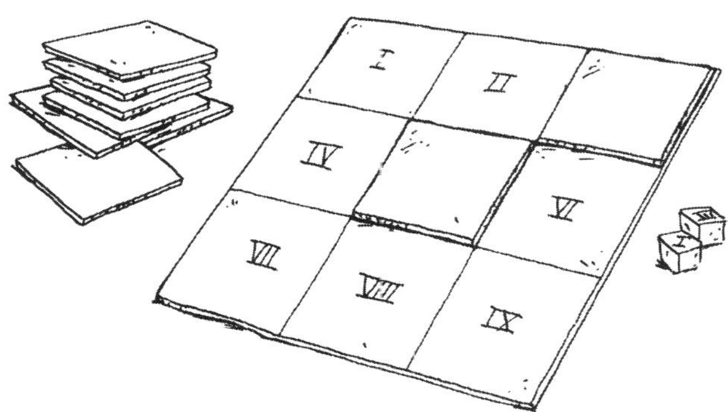

Beschreibung des antiken Spiels

Als Materialien wurden in der Antike mehrere kleine Bälle sowie ein Korb bzw. ein Netz benötigt. Es wurde ähnlich unserem heutigen Mikado gespielt. Man musste versuchen, einen Ball aus dem Korb oder Netz zu holen, ohne dass sich die anderen Bälle dabei bewegten. Gelang dies nicht, war ein anderer Spieler an der Reihe.

Textbeleg (Ov. Ars 3, 361 f.)	**Übersetzung**
Reticuloque pilae leves fundantur aperto, Nec, nisi quam tolles, ulla movenda pila est.	Und in einem offenen Netz sollen leichte Bälle verteilt werden und kein Ball, außer der, den du herausnehmen möchtest, darf sich bewegen.

Ball-Mikado

5–10 Min.

verschiedenfarbige Bälle (z. B. Jonglierbälle), Körbe bzw. Netze (Kartoffel- oder Zwiebelnetze), vorbereitete Fragekärtchen in verschiedenen Farben (entsprechend der Bälle)

Beschreibung des Spiels heute

Für den Einsatz im Unterricht bietet es sich an, verschiedenfarbige Bälle zu nehmen. Außerdem braucht man verschiedenfarbige Kärtchen, entsprechend der Ballfarben, auf denen Fragen zum aktuellen oder zu wiederholenden Stoff stehen. Am besten eignen sich Bälle, die leicht verformbar sind, wie z. B. Jonglierbälle oder selbst gebastelte Bälle aus Luftballons mit einer Sandfüllung.

Die Bälle werden in den Korb geworfen. Ziel ist es nun, die Bälle nacheinander aus dem Korb zu holen, ohne dass sich die anderen Bälle dabei bewegen, also genau wie beim Mikado. Damit dies schwieriger ist, empfiehlt es sich, leicht verformbare Bälle zu verwenden, sodass sich die Bälle beim Befüllen des Korbes auch miteinander verkeilen und nicht so leicht herausgeholt werden können.

Gelingt es einem Spieler, einen Ball regelgerecht aus dem Korb zu holen, zieht er passend zur Farbe des Balles eine Karte. Kann er die Frage auf der Karte richtig beantworten, gehört der Ball ihm und er darf fortfahren. Gelingt dies nicht, muss der Ball zurückgeworfen werden und der nächste Spieler ist an der Reihe.

Dieses Spiel eignet sich gut für den Einsatz im Klassenzimmer, da keine große Bewegung durchgeführt wird.

III. Delta

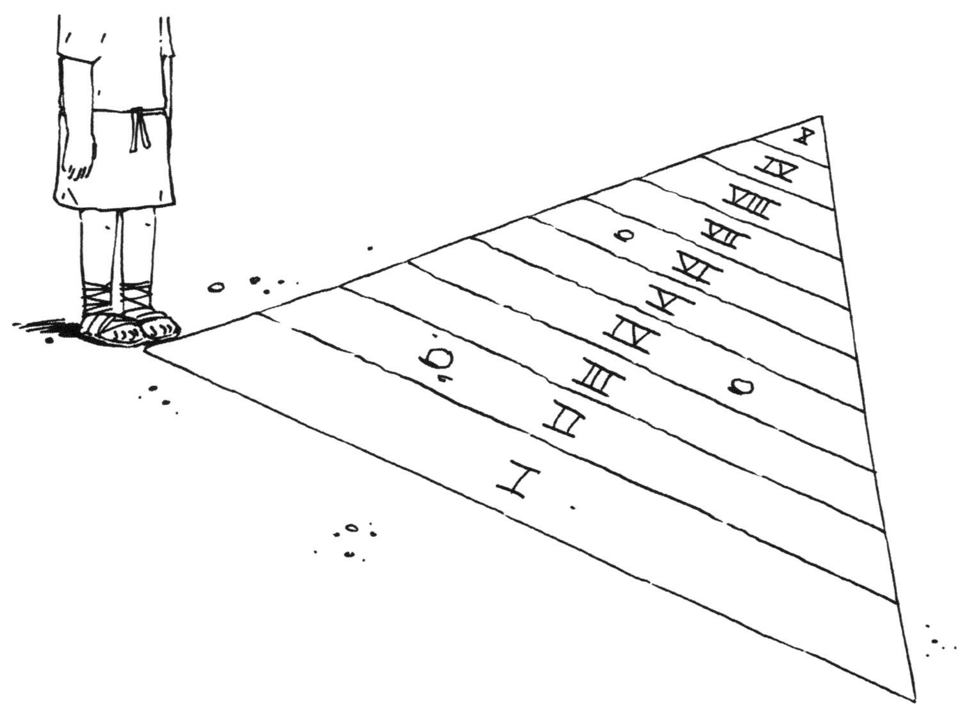

Beschreibung des antiken Spiels

Funde von Delta-Spielfeldern, die in den Boden geritzt waren, geben uns Einblick in dieses Spiel. Ein Dreieck wurde in zehn Abteilungen untergliedert, die mit den Zahlen von eins bis zehn versehen waren. Mit Nüssen oder Steinchen versuchte man, aus einer bestimmten Entfernung diese Abteilungen zu treffen, sodass der Wurfgegenstand auf dem Feld liegen blieb. Die erzielten Punkte wurden addiert. Gewonnen hatte der Spieler, der nach einer festgelegten Anzahl von Würfen die meisten Punkte hatte.

Textbeleg **(Pseud. Ov. Nux 81–84)**	**Übersetzung**
fit quoque de creta, qualem caeleste figuram sidus et in Graecis littera quarta gerit. haec ubi distincta est gradibus, quae constitit intus, quot tetigit virgas, tot capit ipsa nuces.	Man zeichnet mit Kreide eine Figur auf, welche dem Himmelsgestirn und bei den Griechen dem vierten Buchstaben gleicht. Sobald diese in Abschnitte unterteilt worden ist, erhält die Nuss, die innen zum Liegen kommt, so viele Nüsse, wie sie Reihen berührt hat.

vorbereitetes Spielfeld, Münzen bzw. Nüsse, vorbereitete Kärtchen mit Verben oder Fragen

Beschreibung des Spiels heute

Für den Einsatz im Unterricht wird das Delta-Spielfeld dahingehend abgewandelt, dass die Felder mit Kriterien zur Formenbildung gefüllt werden (z. B. 3. Pers. Sg. Ind. Präs. Akt. etc.). Vor jedem Wurf wird ein Verb im Infinitiv gezogen, das dann je nach dem getroffenen Feld in die jeweilige Form gebracht werden muss. Gelingt dies, erhält der Werfer einen Punkt.

Variante: Alternativ kann das Delta-Spielfeld wie üblich gezeichnet werden. Je nach gewünschter Schwierigkeit wird das Feld größer oder kleiner aufgemalt, wobei die Höhe des Dreiecks maximal einen Meter betragen sollte. Im Vorfeld werden Fragekarten mit verschiedenen Schwierigkeitsstufen aufsteigend von I–X (entsprechend der Felder) entweder vom Lehrer selbst oder von den Schülern erarbeitet. Geworfen wird entweder wie bei den Römern mit Nüssen oder mit Cent-Stücken.

Trifft man beim Werfen eines der Felder, bekommt man eine entsprechende Karte. Kann man die Lösung nennen, erhält man die Punktzahl des Feldes gutgeschrieben. Gewonnen hat, wer am Ende die meisten Punkte hat.

Gespielt werden kann im Klassenzimmer, wenn die Delta-Spielfelder auf Karton vorhanden sind. Im Schulhof können die Felder schnell und einfach mit Kreide aufgezeichnet werden.

Beschreibung des antiken Spiels

Die Römer spielten dieses Spiel als Mannschaftsspiel. Benötigt wurde eine Holzscheibe mit einer schwarzen und einer weißen Seite bzw. eine Münze. Zwei gleich große Mannschaften traten gegeneinander an, jeder Mannschaft wurde eine Seite der Scheibe oder Münze zugeordnet. Die gegnerischen Mannschaften standen mit dem Rücken zueinander, sodass jeder einen Partner aus der anderen Mannschaft hatte. Ein Schiedsrichter warf die Scheibe. Die Mannschaft, deren Seite nach oben zum Liegen kam, musste versuchen, die andere Mannschaft zu fangen. Diese wiederum war gerettet, wenn sie sich hinter eine vorher gezogene Linie in Sicherheit bringen konnte. Wenn ein Spieler gefangen wurde, wurde er Mitglied der anderen Mannschaft.

Spielen schärft den Verstand (Quintilian, Institutio Oratoria 1, 3, 10–11)	**Übersetzung**
Nec me offenderit lusus in pueris (est et hoc signum alacritatis), neque illum tristem semperque demissum sperare possim erectae circa studia mentis fore, cum in hoc quoque maxime naturali aetatibus illis impetu iaceat. Modus tamen sit remissionibus, ne aut odium studiorum faciant negatae aut otii consuetudinem nimiae. Sunt etiam nonnulli acuendis puerorum ingeniis non inutiles lusus, cum positis invicem cuiusque generis quaestiunculis aemulantur.	Auch dürfte ich wohl keinen Anstoß am Spiel bei Knaben finden (auch dies ist nämlich ein Zeichen von Eifer). Ebensowenig könnte ich hoffen, dass jener traurige und stets nach vorne gebeugte Schüler beim Lernen wachen Geistes sei, da doch in jenem Alter ein überaus natürlicher Drang liegt. Dennoch sei auch der Entspannung Raum gegeben, damit sie weder Hass auf das Lernen hervorbringt, wenn sie verweigert wird, noch zur Gewohnheit wird, wenn sie zu viel angeboten wird. Auch sind einige Spiele nicht ungeeignet dafür, den Verstand der Knaben zu schärfen, wenn sie um die ihnen gestellten kleinen Fragen jedweder Art miteinander wetteifern.

Dies et Nox

vorbereitete Fragen

Beschreibung des Spiels heute

Dieses Spiel ist im Deutschen auch als Schwarz-Weiß bekannt und kann gut für den Unterricht eingesetzt werden.

Die Schüler bilden Paare und stehen mit dem Rücken zueinander im Abstand von ca. einem halben Meter in einer Gasse. Der Lehrer nennt dann Formen, die analysiert werden sollen, z. B. hinsichtlich der Unterscheidung von Singular und Plural. Bei Formen im Singular versucht dann der eine Partner abzuschlagen, bei Plural der andere. Im Vorfeld muss natürlich festgelegt werden, welche Reihe wann abschlägt bzw. abgeschlagen wird. Beispielsweise schlägt die Reihe mit Blickrichtung Fenster bei Plural ab und wird bei Singular abgeschlagen. Der Partner, der abgeschlagen wird, versucht dies zu vermeiden, indem er nach vorne ausweicht und somit aus der Reichweite des Abschlagenden gerät. Dieser darf sich nämlich nicht von der Stelle bewegen, sondern lediglich umdrehen, um abzuschlagen. Jeder Spieler zählt seine erzielten Punkte. Das Spiel eignet sich sowohl für das Klassenzimmer, wenn die Tische ein wenig zur Seite geschoben werden, als auch für draußen. Wird im Freien gespielt, kann dem Ausweichenden zur Aufgabe gestellt werden, eine größere Strecke zurückzulegen, um sich in Sicherheit zu bringen. Der Abschlagende darf ihn also entsprechend verfolgen.

Als andere Unterscheidungskriterien könnten z. B. Konjunktiv und Indikativ dienen, verschiedene Tempora, das Genus Verbi etc.

Beschreibung des antiken Spiels

Gespielt wurde auf einem rechteckigen Spielfeld, das durch Grundlinien begrenzt und durch eine Mittellinie halbiert war. Es war wohl etwas kleiner als ein heutiges Fußballfeld. Gespielt wurde auf Gras, Sand oder Asche.
Das Spielgerät war ein kleiner harter Ball, der aus Leder oder Tierfell hergestellt und mit Schwämmen ausgestopft war.
Beim Harpastum kämpften zwei Mannschaften um den Sieg. Vor Spielbeginn wurde eine Münze geworfen. Das Gewinnerteam begann das Spiel in seiner Spielhälfte.
Jedes Team musste den Ball möglichst lange in seiner Hälfte in der Luft halten. Die gegnerische Mannschaft versuchte, in Ballbesitz zu gelangen und den Ball in ihre Hälfte zu befördern.
Man vermutet, dass bei Ballberührung auf dem Boden des eigenen Spielfelds Punkte für den Gegner vergeben wurden. Außerdem galt es, den Ball hinter die Grundlinie des Gegners zu befördern. Nur der Spieler, der im Ballbesitz war, durfte attackiert werden.

Textbeleg (Mar IV, 19)	**Übersetzung**
Hanc tibi Sequanicae pinguem textricis alumnam, quae Lacedaemonium barbara nomen habet, sordida, sed gelido non aspernanda Decembri dona, peregrinam mittimus endromida: seu lentum ceroma teris tepidumque trigona siue harpasta manu pulueruIenta rapis, plumea seu laxi partiris pondera follis siue leuem cursu uincere quaeris Athan ne madidos intret penetrabile frigus in artus neue grauis subita te premat Iris aqua. Ridebis uentos hoc munere tectus et imbris, nec sic in Tyria sindone tutus eris.	Dieses dicke Produkt einer sequanischen Weberin, welches als barbarisches Produkt einen spartanischen Namen trägt – ein zwar armseliges, aber im kalten Dezember nicht zu verachtendes Geschenk: eine exotische Wolldecke schicke ich dir für den Fall, dass du dich im zähen Ringkampf abmühst oder dass du mit der Hand nach dem warmen Ball im Dreiecksspiel oder nach staubigen Fangbällen haschst oder das Federgewicht des weichen Schlagballs zuwirfst oder im Wettlauf den leichtfüßigen Athas zu besiegen suchst, damit dir nicht dabei durchdringende Kälte in die verschwitzten Glieder fahre oder Iris dir schwer mit plötzlichem Regenguss zusetze. In dieses Geschenk eingehüllt, wirst du über Winde und Schauer lachen können. So geschützt wirst du nicht einmal mit Gewand aus tyrischem Leinen sein.

10–20 Min.

Spielfeld, Ball, vorbereitete Fragen

Beschreibung des Spiels heute

Das Spiel eignet sich für Stunden kurz vor den Sommerferien, wenn das Wetter gut ist und die Schüler den Wunsch äußern, den Unterricht im Freien abzuhalten. Im Prinzip bleiben die Regeln der antiken Variante (siehe linke Seite) beibehalten. Ergänzend wird allerdings eingeführt, dass die Mannschaften erst einen Punkt erzielen können, wenn sie nach dem erfolgreichen Geschehen mit dem Ball noch zusätzlich eine Frage zum Wissen und Können aus dem Lateinunterricht richtig beantworten.

Beschreibung des antiken Spiels

Das Spiel „Loculus Archimedium“ war ein Geduldsspiel, bei dem 14 geometrische Formen, die in der Ausgangslage als Quadrat angeordnet waren (siehe Zeichnung), zu den verschiedensten Formen gelegt werden konnten, z. B. als Elefant, Turm etc. Der Fantasie waren dabei keine Grenzen gesetzt. Als Erfinder gilt Archimedes, der das Spiel auch mathematisch beschrieben hat.

Textbeleg (Ausonius Cento Nuptialis 1)	**Übersetzung**
Ossicula ea sunt: ad summam quattuordecim figuras geometricas habent. Sunt enim aequaliter triquetra vel extentis lineis vel frontis, angulis vel obliquis: isoskele ipsi vel isopleura vocant, orthogonia quoque et skalena. Harum verticularum variis coagmentis simulantur species mille formarum: helephantus belua aut aper bestia, anser volans et mirmillo in armis, subsidens venator et latrans canis, et turris et cantharus et alia huiusmodi innumerabilium figurarum.	Dies sind Teilchen (Knöchelchen): insgesamt sind es 14 geometrische Figuren. Es sind nämlich gleichmäßig dreieckige oder mit ausgedehnten Linien oder Vorderseiten oder mit schiefen Winkeln. Sie selbst (die Griechen) nennen sie gleichschenklig oder gleichseitig, auch rechtwinklig und schief. Durch verschiedene Zusammenfügungen der Teile wird das Aussehen von tausend Formen vorgetäuscht: ein Elefant, ein großes Wildtier oder ein Eber, eine fliegende Gans und ein bewaffneter Gladiator, ein kauernder Jäger und ein bellender Hund und ein Turm und eine Kanne und andere unzählige derartige Figuren.

vorbereitete geometrische Figuren (die 14 geometrischen Grundfiguren auf Karton oder Holz mehrfach ausschneiden, sodass mehrere Gruppen gleichzeitig spielen können; die Teile jeweils mit einem lateinischen Wort versehen, sodass die Kombination mehrerer Teile einen Satz ergibt)

Beschreibung des Spiels heute

Ähnlich den heutigen „LÜK"-Kästen kann das „Loculus Archimedium" abgewandelt werden.
Auf den 14 Teilen stehen lateinische Wörter, die zu Sätzen kombiniert werden können. Aufgabe der Schüler ist es dann, die Teile so zusammenzufügen, dass korrekte lateinische Sätze entstehen. Je mehr Teile dafür verwendet werden, umso besser. So könnten z. B. auf einzelnen Teilen die Wörter *amicus – amicam – exspectat – in – foro – iam – diu* stehen, die zu dem Satz *Amicus amicam in foro iam diu exspectat* kombiniert werden können. Die Teile sollen so angeordnet werden, dass dabei interessante Figuren entstehen. Die einzelnen Gruppen vergleichen nach einer vorgegebenen Zeit ihre Sätze und ihre Figuren. Dabei können sie sich gegenseitig Punkte für die kreativsten Figuren geben. Außerdem erhalten die Gruppen Punkte für die Länge der Sätze, nämlich pro Wort einen Punkt.

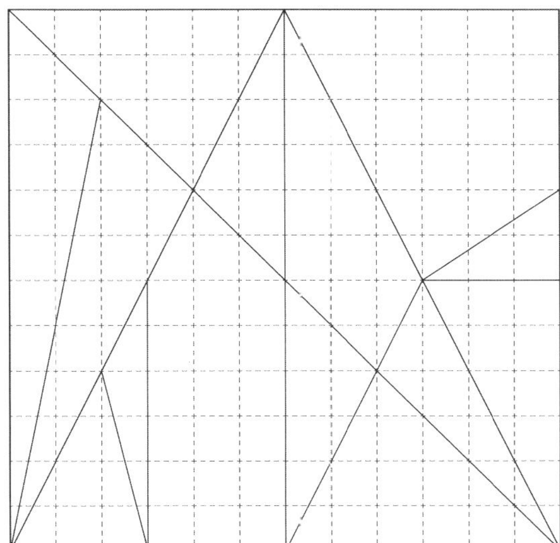

Quelle: https://commons.wikimedia.org/wiki/File:Ostomachion.svg; Hagen von Eitzen, Public domain, via Wikimedia Commons

Beschreibung des antiken Spiels

Das antike „Ludus Latrunculorum“ ist aus zahlreichen Spielbrettfunden bekannt. Ebenso wird es immer wieder in der Literatur erwähnt, wobei die Regeln nicht ganz zu klären sind. Die Größen der Spielbretter variierten, sodass es unterschiedlich viele Felder auf den Brettern gegeben hat. Es gibt Funde mit Brettern der Maße 7 × 8, 8 × 8 und noch weitere. Das Spiel dürfte ähnlich dem Spiel „Dame“ funktioniert haben. Die Spieler hatten je 16 Spielsteine und durften sich damit von einem Feld zum anderen bewegen. Ziel war es, die Steine des Gegners zu rauben, indem man sie umzingelt. Dies hatte man erreicht, wenn ein Stein des Gegners von zwei eigenen Steinen eingeklammert war, auch die Diagonale zählte dabei.
Gewonnen hatte, wer die meisten Steine des Gegners geraubt hatte.

Textbeleg (Ov. Ars amatoria 3, 358)	**Übersetzung**
Cautaque non stulte latronum proelia ludat, unus cum gemino calculus hoste perit, bellatorque suo prensus sine compare bellat, aemulus et coeptum saepe recurrit iter.	Vorsichtig und nicht dumm möge sie die Kämpfe der Soldaten spielen, wenn ein einzelner Stein durch zwei Feinde untergeht. Der gefangene Kämpfer kämpft ohne seine Gefährtin, der Mitstreiter eilt den begonnenen Weg oft zurück.

in gewünschter Größe aufgemalte Spielbretter, vorbereitete Kärtchen mit Wortformen (dienen als Spielsteine, daher am besten in zwei verschiedenen Farben)

Beschreibung des Spiels heute

Jeder Spieler erhält eine auf das Spielbrett angepasste Zahl von Karten (z. B. bei den Maßen 8 × 8 pro Spieler 16 Karten). Zu Beginn werden die Karten in zwei Reihen ausgelegt. Die Seite mit der Wortform wird nach unten gedreht, sodass sie nicht gelesen werden kann. Dann beginnt ein Spieler mit dem Ziehen. Ziel ist es, eine gegnerische Karte mit zwei eigenen Karten einzuklammern. Es darf in alle Richtungen gezogen werden, auch diagonal, aber immer nur ein Feld weiter. Hat es ein Spieler geschafft, eine gegnerische Karte einzuklammern, dreht er seine beiden Karten um und übersetzt die Wortformen. Gelingt ihm dies, hat er die gegnerische Karte „besiegt" und darf sie vom Feld nehmen. Gespielt wird entweder auf Zeit oder bis ein Spieler keine Karten mehr hat.

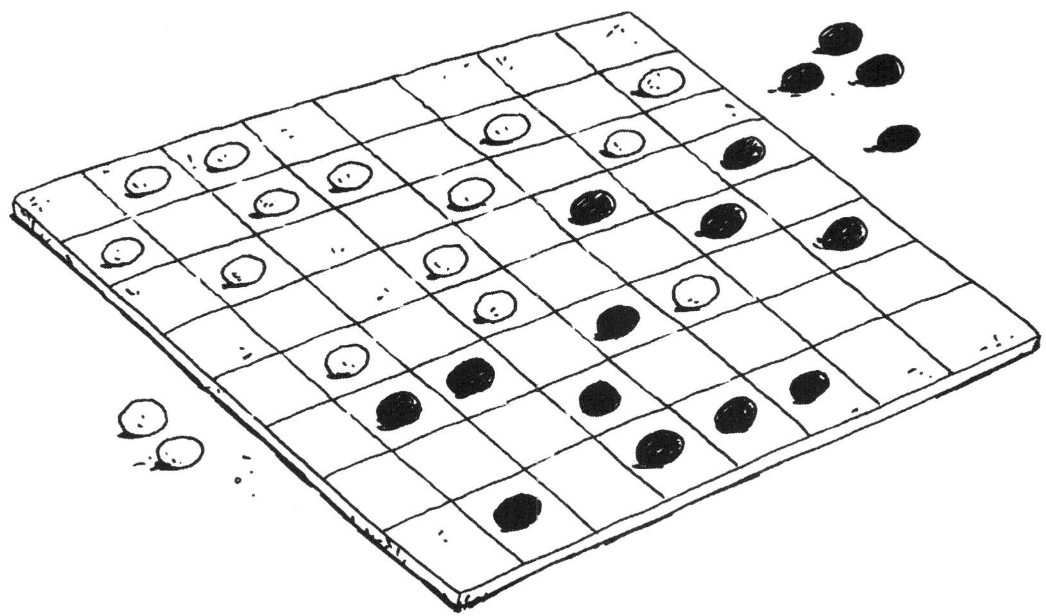

Beschreibung des antiken Spiels

Bei diesem Spiel versuchten zwei Spieler zu erraten, wie viele Finger sie gemeinsam zeigen. Dazu streckten die Spieler gleichzeitig ihre rechte Hand aus und zeigten einen bis fünf Finger. Im selben Moment ruft jeder eine Zahl von null bis zehn. Wem es gelungen ist, die richtige Summe zu nennen, bekommt einen Punkt.

Textbeleg (Petron, Satyricon 44, 6f.)	**Übersetzung**
[sed] memini Safinium: tunc habitabat ad arcum veterem, me puero, piper, non homo. Is quacumque ibat, terram adurebat. Sed rectus, sed certus, amicus amico, cum quo audacter posses in tenebris micare.	Aber ich erinnere mich an Safinius: damals, als ich ein Junge war, wohnte er beim alten Bogen. Er war Pfeffer, kein Mensch! Wohin er auch ging, er verbrannte die Erde. Aber er war rechtschaffen und zuverlässig, dem Freund ein Freund, mit dem man frech in der Dunkelheit Finger schnellen konnte.

Morra

 vorbereitete Kärtchen mit Fragen

Beschreibung des Spiels heute

Das Spiel kann dahingehend abgewandelt werden, dass zunächst gespielt wird wie in der Antike. Errät ein Spieler die richtige Zahl der Finger, muss er noch eine Frage zum aktuellen Stoff richtig beantworten, bevor er einen Punkt bekommt. Außerdem eignet sich das Spiel zum Einüben der lateinischen Zahlen. Dazu müssen die Spieler dann eben nicht die deutsche Zahl nennen, sondern die lateinische.

Beschreibung des antiken Spiels

Hinter einer weißen Linie wurden fünf Nusstürme gebaut.
Die Häufchen bestanden aus je vier Walnüssen, wobei auf jeweils drei Nüssen, die am Boden lagen und sich berührten, eine weitere ruhte.
Jeder Spieler versuchte nun, mit einer seiner Nüsse ein Nusshäufchen zu treffen.
Für jeden Treffer gab es Punkte bzw. die getroffenen Nüsse als Preis.

Zum Nussspiel als Merkmal der Kindheit (Mar V, 84, 1–6)	**Übersetzung**
Iam tristis nucibus puer relictis clamoso reuocatur a magistro, et blando male proditus fritillo, arcana modo raptus e popina, aedilem rogat udus aleator. Saturnalia transiere tota, [...]	Schon wird der traurige Knabe, der von den Nüssen lassen musste, vom schreiwütigen Lehrer zurückgerufen und vom lockenden Würfelbecher böse verraten. Der betrunkene Spieler, der gerade aus einer versteckten Kneipe abgeführt wurde, bittet den Ädil um Gnade. Die Saturnalien sind nun ganz vorüber.

Textbeleg (Pseud. Ov. Nux 75–78)	**Übersetzung**
Quattuor in nucibus, non amplius, alea tota est, cum sibi suppositis additur una tribus. Per tabulae clivum labi iubet alter et optat, tangat ut e multis quaelibet una suam.	Mit vier Nüssen, nicht mehr, ist es ein ganzes Spiel, wenn auf drei nebeneinanderliegende Nüsse eine vierte obenauf gelegt wird. Auf einer geneigten Fläche lässt ein anderer eine Nuss rollen und hofft, dass aus der Menge der Nüsse die seine eine berühren möge.

Nüsse, vorbereitete Kärtchen mit Fragen

Beschreibung des Spiels heute

Im Wesentlichen bleiben die Regeln des antiken Spiels erhalten. Ergänzend wird lediglich eingeführt, dass beim Treffen eines Nusshäufchens eine Frage zum Stoff des Lateinunterrichts richtig beantwortet werden muss, bevor die Nüsse gewonnen werden können.

Beschreibung des antiken Spiels

Die Römer spielten dieses Spiel mit Nüssen. Auf den Boden wurde ein Kreis mit ca. 30 cm Durchmesser gezeichnet bzw. geritzt. Die Spieler versuchten aus einer festgelegten Entfernung ihre Nüsse so zu werfen, dass sie im Kreis zum Liegen kamen. Ziel war es dann, so zu werfen, dass die Nüsse des Gegners aus dem Kreis fliegen, die eigenen aber im Kreis liegen. Die hinausgeschossenen Nüsse des Gegners durfte man dann nach dem Wurf an sich nehmen. Gewonnen hatte am Ende der Spieler mit den meisten Nüssen.

Textbeleg (allg. zum Nusspiel Phaedrus 3, 14)	**Übersetzung**
Puerorum in turba quidam ludentem Atticus Aesopum nucibus cum uidisset, restitit, et quasi delirum risit. Quod sensit simul derisor potius quam deridendus senex, arcum retensum posuit in media uia: „Heus" inquit „sapiens, expedi quid fecerim." Concurrit populus. Ille se torquet diu, nec quaestionis positae causam intellegit. Nouissime succumbit. Tum uictor sophus: „Cito rumpes arcum, semper se tensum habueris; at si laxaris, cum uoles erit utilis." Sic lusus animo debent aliquando dari, ad cogitandum melior ut redeat tibi.	Als ein gewisser Atticus den Aesop in einer Kinderschar mit Nüssen spielen gesehen hatte, blieb er stehen und lachte ihn aus, als wäre er verrückt. Dies merkte der Greis sogleich, der eher ein Spötter als ein zu Verspottender war, und legte einen entspannten Bogen mitten in den Weg und sagte: „Heda, du Weiser, erkläre, was ich gemacht habe!" Volk läuft zusammen. Jener quält sich lange, erkennt aber nicht den Grund für die ihm gestellte Frage. Schließlich gibt er auf. Darauf sagte der weise Sieger: „Schnell wirst du den Bogen zerbrechen, wenn du ihn immer unter Spannung hältst. Aber wenn du ihn entspannst, wird er nützlich sein, wenn du willst." So muss dem Verstand auch einmal das Spiel gegönnt werden, damit er dir besser zum Denken dient.

Kreis ausschneiden bzw. auf Boden zeichnen, Münzen bzw. Nüsse, vorbereitete Kärtchen mit Fragen

Beschreibung des Spiels heute

Das Spiel eignet sich gut für draußen, da der Kreis auf den Boden gemalt oder geritzt werden kann. Im Klassenzimmer kann ein aus Karton ausgeschnittener Kreis auf den Boden gelegt werden, um nichts zu beschädigen. Die Schüler versuchen dann, Nüsse oder Münzen in den Kreis zu werfen. Dort müssen sie liegen bleiben. Gelingt dies einem Spieler, muss er zusätzlich eine Frage richtig beantworten, um einen Punkt zu erzielen. Die Fragen werden im Vorfeld, am besten von den Schülern selbst, auf Karten geschrieben und auf die einzelnen Gruppen – sofern alle Schüler gleichzeitig das Omilla-Spiel spielen – verteilt. Gewonnen hat der Spieler mit den meisten Punkten.

Beschreibung des antiken Spiels

Die wörtliche Übersetzung dieses Spieles lautet „Gerade – ungerade". Dementsprechend ging es darum, zu erraten, ob der Spielpartner eine gerade oder ungerade Anzahl an Nüssen oder wohl auch anderen Gegenständen in der Hand hielt. Wer dies richtig erraten hatte, gewann die in der Hand gehaltenen Nüsse des Gegners.

Textbeleg **(Pseud Ov. Nux 79/80)**	**Übersetzung**
Est etiam, par sit numerus qui dicat an impar, ut divinatas auferat augur opes.	Auch gibt es einen, der sagen soll, ob die Anzahl gerade oder ungerade ist, sodass der Seher die vorhergesagte Menge wegnehmen darf.

Par – Impar

vorbereitete Kärtchen mit Fragen

Beschreibung des Spiels heute

Das Spiel wird zunächst gespielt wie in der Antike. Ergänzend kommt allerdings hinzu, dass beim richtigen Erraten der Anzahl der Nüsse zunächst noch eine Frage zum aktuellen Stoff beantwortet werden muss, bevor man die Nüsse bekommt. Alternativ kann auch so gespielt werden, dass sich ein Spieler ein bestimmtes Wort überlegt und der andere erraten muss, ob es sich um ein Substantiv oder ein Verb handelt.

Beschreibung des antiken Spiels

Bei den Römern wurde dieses Spiel als Würfelspiel gespielt. Dabei wurden sechs Felder mit den Zahlen von eins bis sechs beschriftet. Alle Spieler starteten mit ihrem Spielstein auf der ersten Stufe. Wurde eine Eins gewürfelt, durfte der entsprechende Spieler eine Stufe nach oben ziehen. Bei einer Zwei durften dies alle Spieler tun. Bei einer Drei durfte der Würfler drei Stufen aufsteigen. Bei Vier mussten alle Spieler eine Stufe absteigen. Bei einer Fünf durfte der Würfler einen beliebigen Mitspieler ein Feld nach unten versetzen und bei einer Sechs musste der Würfler eine Runde aussetzen. Gewonnen hatte derjenige, der als Erstes auf der sechsten Stufe angekommen war.

Spielen macht geistig fit (Cic. De oratore 3, 58)	**Übersetzung**
Sed ut homines labore adsiduo et cotidiano adsueti, cum tempestatis causa opere prohibentur, ad pilam se aut ad talos aut ad tesseras conferunt aut etiam novum sibi ipsi aliquem excogitant in otio ludum, sic illi a negotiis publicis tamquam ab opere aut temporibus exclusi aut voluntate sua feriati totos se alii ad poetas, alii ad geometras, alii ad musicos contulerunt, alii etiam, ut dialectici, novum sibi ipsi studium ludumque pepererunt atque in eis artibus, quae repertae sunt, ut puerorum mentes ad humanitatem fingerentur atque virtutem, omne tempus atque aetates suas consumpserunt.	Aber wie sich die Menschen, die an beständige und tägliche Arbeit gewöhnt sind, dem Ballspiel oder dem Würfeln oder einem Brettspiel widmen, wenn sie einmal durch das Wetter von der Arbeit abgehalten werden, oder gar sich selbst in ihrer Freizeit irgendein neues Spiel ausdenken, so wandten sich jene, die von den öffentlichen Geschäften wie von der Arbeit durch die zeitlichen Umstände ausgeschlossen oder durch freien Willen entbunden waren, ganz und gar zum einen den Dichtern, zum anderen den Mathematikern oder den Musikern zu. Wieder andere, wie die Dialektiker, erfanden sich selbst ein neues Fach und Spiel und verbrachten mit diesen Künsten, die sie erfunden hatten, damit der Verstand der Kinder zur Bildung und Tüchtigkeit gebracht wird, ihr ganzes Leben.

 vorbereitetes Spielfeld, Würfel

Beschreibung des Spiels heute

Dieses Würfelspiel eignet sich im Unterricht besonders zum Üben unregelmäßiger Verben. Aufgezeichnet wird eine Treppe mit sechs Stufen, wobei die Stufen mit der ersten bis dritten Person im Singular und Plural beschriftet werden.
Vor Spielbeginn wird ein Tempus vereinbart sowie ein Verb, das konjugiert werden soll.
Nun wird gewürfelt, um die Treppe zu erklimmen. Eine Stufe aufsteigen darf man beim Würfeln einer Eins, zwei Stufen beim Würfeln einer Zwei. Bei den anderen Zahlen geschieht nichts. Ist man auf eine Stufe aufgestiegen, muss man die richtige Verbform nennen, um dort stehen bleiben zu dürfen. Kann man dies nicht, bleibt man auf seinem Ausgangspunkt. Gewonnen hat, wer als Erstes auf der letzten Stufe ankommt.

Variante: Alternativ kann das Spiel auf einer echten Treppe gespielt werden. Erschwerend können die Zahlen drei bis sechs mit weiteren Aktionen versehen werden, ähnlich der antiken Version.

Beschreibung des antiken Spiels

Wie der Name schon sagt, wurde dieses Spiel im Dreieck stehend gespielt. Zusätzlich benötigte man einen Ball. Die Spieler schlugen oder warfen sich den Ball zu und mussten ihn zum nächsten Mitspieler weiterleiten. Misslang dies, fiel also der Ball auf den Boden, bekam man wohl eine Strafe, z. B. einen Punktabzug.

Textbeleg (Isid. Etym. 18, 69, 2)	**Übersetzung**
Inter species pilarum sunt trigonaria et arenata. Trigonaria est quia inter tres luditur. Arenata, qua in grege, dum ex circulo adstantium spectantiumque emissa, ultra iustum spatium pilam excipere lusumque inire consueverunt.	Unter den Arten der Ballspiele gibt es solche im Dreieck und solche im Sand. „Dreiecksspiele" heißen sie, weil zu dritt gespielt wird. „Sandspiele" heißen die, bei welchen man in einer Mannschaft, während von einem Kreis der Dabeistehenden und Zuschauer der Ball weggeworfen wird, über eine angemessene Entfernung den Ball aufzufangen und das Spiel zu beginnen gewohnt ist.

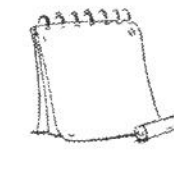

Bälle, vorbereitete Kärtchen mit Fragen / Wortformen

Beschreibung des Spiels heute

Die Schüler zeichnen ein Dreieck auf den Boden. An jeder Ecke steht ein Spieler, sodass sie ca. drei bis fünf Meter voneinander entfernt sind, gegebenenfalls auch weiter. Die Spieler dürfen ihre Ecke nicht verlassen. Jeder Spieler hat einen Ball. Man wirft sich gegenseitig nun die Bälle zu, sodass mitunter zwei Bälle gleichzeitig gefangen werden müssen. Lässt ein Spieler einen Ball fallen, zieht er aus einem bereitgestellten Topf einen Zettel, auf dem der zu übende Wortschatz oder eine entsprechende Wortform steht. Kann er die Form / das Wort bestimmen bzw. übersetzen, geht es weiter, andernfalls bekommt er einen Minuspunkt. Die Fragen auf den Zetteln hat entweder der Lehrer vorbereitet oder die Schüler haben sich diese im Vorfeld überlegt. Allerdings ist dann darauf zu achten, dass die gestellten Fragen wirklich sinnvoll und auch richtig sind.
Gespielt wird, bis eine festgelegte Zahl an Minuspunkten erreicht ist. Bei schlechten Würfen, die gar nicht beim Empfänger angekommen sind und somit auch nicht gefangen werden konnten, muss der Werfer eine Karte ziehen.

Variante: Das Spiel kann dahingehend abgewandelt werden, dass die Schüler in Dreiergruppen zusammenspielen und versuchen, mehr Punkte als die anderen Gruppen zu ergattern. Punkte erhält man, wenn der Ball einmal von jedem Spieler im Dreieck erfolgreich geworfen und gefangen wurde. Die Dreiermannschaft darf dann eine vorbereitete Karte mit einer Frage ziehen. Kann sie die Lösung nennen, bekommt sie einen Punkt gutgeschrieben.
Das Spiel eignet sich nur für draußen.

Beschreibung des antiken Spiels

Das römische Tris ist vergleichbar mit dem heutigen „Vier gewinnt“ bzw. „Tic Tac Toe“. Jeder Spieler hatte drei Spielsteine. Auf ein quadratisches Feld, das wiederum in neun Quadrate unterteilt war, legten die beiden Spieler abwechselnd ihre Steine. Ziel war es, drei Steine in einer Reihe zu haben (waagrecht, senkrecht oder diagonal). Hatte jeder Spieler seine drei Steine gelegt und es gab noch keinen Sieger, durfte man auf dem Feld die Spielsteine in angrenzende kleine Quadrate verschieben, auch diagonal, um so seine Steine in eine Reihe zu bekommen.

Textbeleg **(Ov. Trist 2, 481–484)**	**Übersetzung**
parva sit ut ternis instructa tabella lapillis, in qua vicisse est continuasse suos; quique alii lusus – neque enim nunc persequar omnes – perdere rem caram, tempora nostra solent.	…, damit es eine kleine Tafel ausgestattet mit drei Steinchen ist; dabei hat der gesiegt, der seine Steine in eine Reihe gebracht hat. Und diese anderen Spiele – denn ich werde nun nicht alle darlegen – pflegen eine teure Sache, nämlich unsere Zeit, zu verderben.
(Ov. Ars 3, 363–368) Est genus, in totidem tenui ratione redactum scriptula, quot menses lubricus annus habet: parva tabella capit ternos utrimque lapillos, in qua vicisse est continuasse suos. mille facesse iocos; turpe est nescire puellam ludere: ludendo saepe paratur amor.	Eine Art des Spiels ist nach feiner Berechnung in so viele Felder, wie das flüchtige Jahr Monate hat, unterteilt: Eine kleine Tafel nimmt auf beiden Seiten drei Steinchen auf; dabei hat der gesiegt, der seine Steine in eine Reihe gebracht hat. Tausend scherzhafte Spiele mache du; schändlich ist es, dass ein Mädchen nicht weiß, wie man spielt. Beim Spiel wird doch oft die Liebe angebahnt.

Spielsteine, vorbereitetes Spielfeld (evtl. auf Boden aufzeichnen), vorbereitete Kärtchen mit Wortformen

Beschreibung des Spiels heute

Zur Vorbereitung der Variante für den Unterricht werden Kärtchen mit Fragen zum aktuellen Stoff erstellt, entweder im Vorfeld der Stunde vom Lehrer oder von den Schülern selbst. Neun dieser Karten werden verdeckt als quadratisches Spielfeld (drei mal drei) aufgelegt. Jeder Spieler hat drei Spielsteine, z. B. Nüsse oder Münzen. Nacheinander legen die Spieler ihre Steine auf das Feld, wobei es das Ziel ist, drei Steine in eine Reihe (entweder waagrecht, senkrecht oder diagonal) zu bringen. Haben die Spieler ihre Steine gelegt, ohne dass ein Spieler eine Dreierreihe erzielt hat, dürfen die Steine auf dem Feld noch gezogen werden. Dies darf sowohl entlang der Seiten als auch diagonal erfolgen. Übersprungen werden dürfen die Felder allerdings nicht.
Gelingt es einem Spieler, seine Steine in eine Dreierreihe zu bringen, dreht er die darunterliegenden Karten um und beantwortet die daraufstehenden Fragen. Sind seine Lösungen richtig, werden die beantworteten Karten vom Feld entfernt und er bekommt sie als Punkte gutgeschrieben. Auf die Felder werden dann neue Karten ausgelegt und das Spiel beginnt von vorne. War die Lösung falsch, wird die falsch beantwortete Karte wieder umgedreht und bleibt somit im Spiel. Sollten die Schüler sehr gut sein und ständig alle Fragen richtig beantworten, sodass es stets zu einer Patt-Situation kommt, können die Regeln dahingehend verschärft werden, dass die Beantwortung aller drei Fragen in einer bestimmten Zeit zu erfolgen hat. Die Schüler üben damit dann auch, mit Zeitnot umzugehen, was für Klassenarbeiten oder andere Leistungserhebungen nützlich sein kann. Gespielt wird, bis eine festgelegte Anzahl an Punkten erreicht ist.

Variante: Alternativ kann auch ein rundes Spielfeld verwendet werden, das in Zeichnungen und auch eingeritzt in Fußböden überliefert ist. Dabei muss stets die Dreier-Reihe über die Mitte gelegt werden.

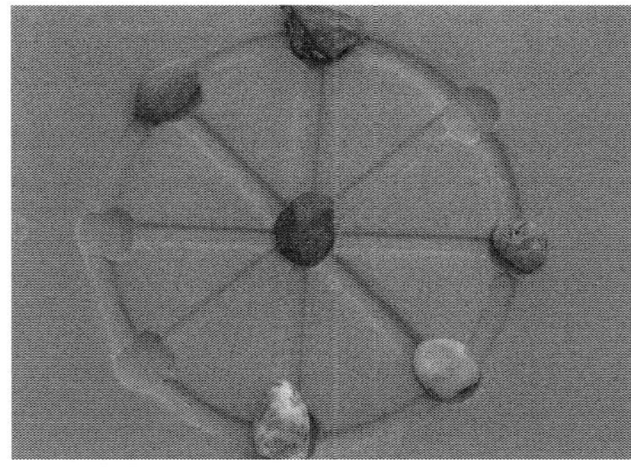

Quelle: https://commons.wikimedia.org/wiki/File:MuehlespielAlt.jpg; Shanul, CC BY-SA 3.0 <http://creativecommons.org/licenses/by-sa/3.0/>, via Wikimedia Commons

Beschreibung des antiken Spiels

Würfelspiele gab es bei den Römern in den verschiedensten Ausführungen. Als Würfel dienten nicht nur die uns geläufigen sechsseitigen Würfel, sondern auch Knöchelchen, die sog. „Astragaloi". Bei bestimmten Konstellationen der Lage der Knöchelchen sprach man vom „Venuswurf", dem besten Wurf, bzw. dem „Hundswurf", dem schlechtesten Wurf. Diese Variante eines Würfelspiels ist wohl sehr simpel, da nur auf die Konstellationen geachtet wurde. Dennoch erfreute es sich großer Beliebtheit und wurde mitunter exzessiv bis hin zur Sucht betrieben.

Textbeleg zu den Würfeln (Isidor v. Sevilla, Etymologiae 18, 60–63)	**Übersetzung**
Alea, id est lusus tabulae, inventa a Graecis in otio Troiani belli a quodam milite Alea nomine, a quo et ars nomen accepit. Tabula luditur pyrgo, calculis tesserisque. Pyrgus dictus quod per eum tesserae pergant, sive quod turris speciem habeat. Nam Graeci turrem PURGON vocant. (...) Tesserae vocatae quia quadrae sunt ex omnibus partibus. Has alii lepusculos vocant, eo quod exiliendo discurrant. Olim autem tesserae iacula appellabantur, a iaciendo.	„Alea" ist ein Brettspiel, das von den Griechen in ihrer Freizeit während des troianischen Krieges erfunden worden ist und zwar von einem gewissen Soldaten namens Alea, von dem die Kunst auch ihren Namen erhalten hat. Man spielt mit einem Würfelturm, Spielsteinen und Würfeln. „Pyrgus" wird er genannt, weil durch ihn die Würfel hindurchfallen, oder weil er das Aussehen eines Turmes hat. Die Griechen nennen den Turm nämlich „purgon". (...) Würfel werden sie genannt, weil sie auf allen Seiten viereckig sind. Manche nennen sie „Häschen", weil sie beim Aufspringen auseinandereilen. Einst aber wurden die Würfel „icula" (= Wurfgegenstände) genannt, vom Werfen (= iacere).

beschriftete Würfel, vorbereitete Kärtchen mit Verben

Beschreibung des Spiels heute

Für den Unterricht kann man eine Kombination verschiedener Würfelspiele verwenden, um Wortschatz und Formenlehre zu wiederholen oder einzuüben. Fünf Würfel werden jeweils mit den Kriterien zur Bestimmung eines Verbs (Person, Numerus, Modus, Tempus, Genus Verbi) beschriftet. Ein Würfel gibt dann also die Person, ein anderer den Numerus etc. an, sodass nach einem Wurf mit allen fünf Würfeln ein Verb von einer gezogenen Karte in eine durch die Würfel festgelegte Form gebracht werden kann. Wer zuerst die richtige Form gebildet hat, bekommt einen Punkt.

Variante: Erschwerend kann folgendermaßen gespielt werden: Die Würfel werden nicht beschriftet, sondern haben verschiedene Farben. Jede Farbe und auch jede Zahl steht dann für ein Kriterium. Diese Variante ist recht anspruchsvoll, da die Zahlen und die Würfelfarben noch den jeweiligen Kriterien zugeordnet werden müssen.

Beispiel: Folgendermaßen kann eine Übersicht zu dieser Spielvariante aussehen:

Die Farben und Zahlen der Würfel, zeigen dir an, was du machen musst!

Schwarz:	Person (1; 4 = 1. Person; 2; 5 = 2. Person; 3; 6 = 3. Person)
Grün:	Numerus (1; 3; 5 = Singular; 2; 4; 6 = Plural)
Weiß:	Modus (1; 3; 5 = Indikativ; 2; 4; 6 = Konjunktiv)
Gelb:	Tempus (1 = Präsens 2 = Imperfekt 3 = Perfekt 4 = Plusquamperfekt 5 = Futur I 6 = Futur II)
Rot:	Genus Verbi (1; 3; 5 = Aktiv; 2; 4; 6 = Passiv)